IL LINGUAGGIO DEL CORPO

COME ANALIZZARE LE PERSONE E LEGGERE VELOCEMENTE LA LORO MENTE ATTRAVERSO I SEGRETI DELLA COMUNICAZIONE NON VERBALE

MATTIA PONZO

DISCLAIMER

Questo libro non ha la pretesa di sostituire il consiglio medico. Si raccomanda al lettore di consultare regolarmente un professionista della salute per qualsiasi questione relativa al proprio benessere, in particolare per eventuali sintomi che possano richiedere diagnosi o cure mediche.

Le informazioni fornite in questo libro sono puramente a scopo informativo generale. Pur impegnandoci a mantenere tali informazioni aggiornate e corrette, non sono fornite dichiarazioni o garanzie, esplicite o implicite, in merito alla completezza, precisione, affidabilità, idoneità o disponibilità riguardo alle informazioni, prodotti, servizi o grafiche correlate presenti in questo libro, per qualsivoglia scopo.

L'utilizzo di tali informazioni avviene a proprio rischio. I metodi descritti in questo libro rappresentano le opinioni dell'autore e non devono essere considerati come una serie definitiva di istruzioni per un determinato progetto. Potrebbe emergere la possibilità di utilizzare altri metodi e materiali per ottenere risultati simili.

INDICE

INTRODUZIONE

In questo libro, ci addentreremo nell'esplorazione del linguaggio del corpo, svelando come possa essere impiegato come un sofisticato strumento di comunicazione, in grado di veicolare con precisione il significato di ciò che veramente desideriamo trasmettere agli altri.

La lettura e l'uso consapevole del linguaggio del corpo emergono come due competenze cruciali per interagire in modo efficace nel mondo reale. Paradossalmente, la rilevanza di questo linguaggio è talmente profonda da influenzare significativamente le nostre vite, spesso senza che ne siamo pienamente consapevoli. Questa profondità di impatto deriva dal fatto che gran parte del nostro linguaggio corporeo opera a livello inconscio.

Conseguentemente, la stragrande maggioranza delle interazioni con coloro che ci circondano si svolge su un piano subconscio o persino istintivo. In molti casi, anche quando non presteremmo esplicita attenzione a ciò che avviene durante un'interazione sociale, il messaggio trasmesso è comunque eloquente e inequivocabile. A volte, i segnali che inviamo sono talmente potenti da non richiedere alcuna parola pronunciata.

Questo libro si configura come la guida ideale per coloro che desiderano perfezionare le proprie competenze comunicative a un livello non verbale. Non si tratta di un manuale che suggerisce "trucchetti" o tattiche manipolatorie per interagire con gli altri. Al contrario, affronta il compito di illustrare come costruire autentiche connessioni con gli individui, al fine di comunicare messaggi specifici e, di conseguenza, raggiungere obiettivi e risultati desiderati. Nel percorso di perfezionamento di queste abilità, si scoprirà la capacità di costruire relazioni profonde, portando a una sensazione di soddisfazione e sicurezza personale.

Dunque, avviamo questo viaggio. Esploreremo in che modo potrai ottimizzare le abilità che già possiedi, proiettandole nel contesto della comunicazione non verbale. Scoprirai che diventare un comunicatore esperto è molto più accessibile di quanto potresti immaginare.

CAPITOLO 1: IL LINGUAGGIO DEL CORPO E LA SCIENZA DIETRO DI ESSO

La comunicazione rappresenta una delle forme più essenziali e significative di interazione umana; essa si manifesta in modo costante e attraverso diverse modalità. Possiamo comunicare mediante il linguaggio verbale, ma anche attraverso gesti, espressioni facciali e movimenti corporei. Il fenomeno che ci permette di comunicare utilizzando il corpo è noto come "linguaggio del corpo".

Il linguaggio del corpo si manifesta anche attraverso le scelte di abbigliamento di una persona. I vestiti trasmettono un messaggio basato sul colore e sulla forma selezionati. Una persona può modificare il proprio linguaggio del corpo in base a come interagisce con gli indumenti o gli accessori, come nel caso di chi fa ruotare la fede nuziale attorno al dito.

Riflettiamo sulle molteplici situazioni quotidiane influenzate dal linguaggio del corpo, sia il nostro che quello degli altri. È una parte intrinseca della vita di tutti i giorni, veicolando significati anche quando ciò sembra non fondarsi su precetti scientificamente provati. Ciò che rende affascinante il linguaggio del corpo è proprio la sua base scientifica.

Personalmente, ho avuto numerose interazioni con individui il cui comportamento si è rivelato estremamente interessante. Ad esempio, molti tendono a incrociare le braccia sopra lo stomaco quando affrontano argomenti imbarazzanti, mentre altri iniziano a fare respiri profondi di fronte a situazioni sgradevoli.

I gesti possono assumere significati diversi a seconda della persona o della situazione. Ad esempio, alcuni mordono il labbro inferiore quando sono nervosi, mentre altri lo fanno quando sono eccitati. Le lacrime possono esprimere tristezza, felicità o addirittura rabbia. Persino un sorriso, considerato universalmente come espressione di felicità, può celare intenzioni fittizie, richiedendo un'osservazione attenta per rilevare autenticità o falsità.

Al di là di tutto, il linguaggio del corpo è sotteso a un processo scientifico. Una volta accertato che esso trasmette significato, è cruciale familiarizzarsi con i vari modi in cui tale significato può essere comunicato agli interlocutori. La scienza del linguaggio del corpo assume una rilevanza straordinaria quando vista alla luce della comunicazione. Per tale ragione, ci immergeremo in approfondimenti riguardanti la ricerca su questo argomento, offrendo un chiaro sguardo sugli aspetti scientifici della comprensione della natura umana.

Una comprensione più approfondita del linguaggio del corpo ti renderà più competente nel decifrare i messaggi altrui, soprattutto quando essi sono involontari o inconsci.

È proprio questa la ragione per cui il linguaggio del corpo assume un ruolo cruciale nell'interazione umana. Quando gli esseri umani prediligono il linguaggio scritto e parlato come principale veicolo di comunicazione, il linguaggio del corpo rischia spesso di passare in secondo piano. Tuttavia, la mancanza di pratica nell'integrare le parole e la comunicazione non verbale può portare a un'interazione difettosa.

I principi fondamentali necessari per comprendere gli altri sono radicati nell'evoluzione e nella psicologia comportamentale. Mentre la psicologia, in quanto scienza, si occupa delle emozioni e della mente umana, la psicologia comportamentale approfondisce le motivazioni alla base delle azioni umane. Di conseguenza, gesti, espressioni e linguaggio del corpo, insieme al modo in cui trasmettono un messaggio, costituiscono il fulcro della psicologia comportamentale.

Notiamo come, con l'evoluzione, animali e umani abbiano sviluppato caratteristiche comuni. Molte emozioni istintive e viscerali che gli animali sperimentano sono sorprendentemente simili a quelle umane. Consideriamo ad esempio l'emozione della paura.

Quando sia umani che animali affrontano la paura, le loro reazioni possono essere ricondotte a tre modalità: combattere, fuggire o rimanere paralizzati. Queste risposte sono ampiamente comuni nel regno animale. Gli animali, spinti dall'istinto, attaccano quando si sentono minacciati. Ad esempio, un cane spaventato istintivamente ringhierà e abbaiarà. Analogamente, animali come i suricati hanno sviluppato sistemi complessi di fuga, rimanendo sempre vigili in caso di attacco di predatori. Molte specie imitano comportamenti umani e reagiscono di conseguenza. Ad esempio, i cuccioli di cane riconoscono la paura e rispondono con aggressività.

Per gli esseri umani, la paura segue un percorso simile. Ad esempio, i bulli a scuola spesso provengono da ambienti familiari difficili e agiscono così nella speranza di trovare sollievo. In situazioni estreme, quando si percepisce una minaccia di vita, la reazione può limitarsi a rimanere immobili e in silenzio. La fuga come risposta alla paura può essere riassunta con l'espressione "vivi per combattere un altro giorno". La fuga rappresenta una risposta istintiva quando sembra non esserci altra opzione per sopravvivere.

Come si evince, ci sono reazioni viscerali generate da profondi stati emotivi. Ovviamente, le interazioni quotidiane di solito non sono così drammatiche come quelle di sentirsi un animale in trappola. Tuttavia, complessivamente, i gesti e i comportamenti delle persone sono influenzati dal modo in cui si sentono, espressi in modo subconscio.

Di conseguenza, risulta cruciale considerare che l'analisi del linguaggio del corpo, concepita come scienza, costituisce una parte essenziale dell'evoluzione umana nel contesto comportamentale. Questo approccio è analogo a come percepiamo il linguaggio scritto e parlato come parte integrante dell'evoluzione della comunicazione. Inoltre, il linguaggio del corpo, come veicolo di comunicazione, attinge alle radici dell'antropologia culturale attraverso gesti, espressioni facciali e manierismi intrinseci alle diverse culture e tradizioni. In questo modo, il linguaggio del corpo emerge come un fenomeno collettivo e un riflesso del comportamento umano.

Tuttavia, è imperativo considerare il linguaggio del corpo

nel contesto storico, poiché la sua evoluzione nel corso del tempo può fornire approfondimenti preziosi sulla prospettiva con cui scienziati e filosofi hanno esaminato il linguaggio del corpo nel contesto delle rispettive ricerche. Importante sottolineare che, sebbene le osservazioni sul comportamento umano risalgano a migliaia di anni fa, lo studio scientifico del comportamento umano è una prospettiva relativamente recente.

Dunque, esploriamo più a fondo l'evoluzione dello studio del linguaggio del corpo, considerando sia le osservazioni che le ricerche condotte da illustri filosofi nel corso della storia.

CAPITOLO 2: LA STORIA DELLA LETTURA DEL LINGUAGGIO DEL CORPO

Il linguaggio del corpo non è affatto una novità. Ne si parla fin dai tempi in cui gli esseri umani hanno acquisito la capacità di comunicare tra di loro. In effetti, è plausibile che il linguaggio del corpo sia diventato una forma di comunicazione molto prima che il linguaggio parlato addirittura sorgesse. Pertanto, gli esseri umani hanno sviluppato la capacità di comunicare attraverso gesti, movimenti, espressioni facciali e segnali fin dai tempi più antichi.

Malgrado la consapevolezza dell'esistenza del linguaggio del corpo sin dalle origini dell'umanità, lo studio approfondito della comunicazione non verbale costituisce un ambito relativamente recente. L'analisi del comportamento umano attraverso un prisma empirico risale ai tempi degli antichi filosofi greci, ma un approccio più sistematico a questa materia è emerso solo con lo sviluppo della psicologia evolutiva e comportamentale.

Nel corso del secolo scorso, lo studio del linguaggio del corpo ha fatto progressi significativi. Sebbene numerosi autori, fin dagli antichi filosofi greci, abbiano trattato il linguaggio del corpo, i primi studi veri e propri sono emersi con l'avanzamento della psicologia comportamentale.

Aristotele fu un pioniere nello studio del comportamento umano. La leggenda narra che si siedesse in pubblico per osservare l'interazione tra le persone, contribuendo a delineare la capacità espressiva degli occhi e delle orecchie. I suoi approfondimenti costituirono le basi per le prime osservazioni sistematiche del comportamento umano come sistema di comunicazione.

Incoraggiato da queste stesse pratiche di osservazione, mi sono anch'io avvicinato a pazienti e ai loro problemi nel mio ruolo di consulente professionale. L'utilità di osservare le interazioni umane si è dimostrata straordinaria, e la bellezza di questo approccio è che non richiede di recarsi in luoghi speciali; basta sedersi in un ristorante locale per cogliere preziosi spunti dall'osservazione delle persone.

Con l'affermarsi della psicologia comportamentale, i lavori di Sir Francis Bacon sono diventati risorse altamente rispettate sull'argomento. È affascinante considerare come, in quanto eminente filosofo, abbia approfondito questo tema molto prima che la filosofia si consolidasse come scienza.

Le sue riflessioni, basate sul lavoro di Aristotele, hanno contribuito a delineare l'importanza del linguaggio del corpo nelle vite degli esseri umani. Fu proprio Bacon a iniziare a formulare le prime assunzioni generali sulla comunicazione non verbale, osservando l'interazione umana da una prospettiva filosofica, il che rappresentò il primo tentativo di rendere sistematico lo studio dell'interazione non verbale.

Con l'affermarsi della psicologia come scienza, i pionieri come Freud e Jung non hanno approfondito adeguatamente la comunicazione non verbale in sé. Mentre entrambi hanno esplorato la comunicazione a livello subconscio, hanno trascurato di delineare una posizione definita riguardo ai comportamenti e alle modalità d'azione.

Jung, in una frase che divenne celebre, affermò: "Tu sei quello che fai, non quello che dici che farai." Questa massima evidenzia chiaramente che le azioni comunicano molto più delle parole. Pertanto, la rilevanza di interpretare le persone attraverso le loro azioni si rivela cruciale in tutti gli aspetti della vita.

Di conseguenza, lo studio del linguaggio del corpo, considerato nel suo complesso, è stato oggetto di indagini continue. Oggi, non è più relegato alla psicologia popolare, ma è riconosciuto come una parte essenziale della comprensione dello sviluppo umano. Viene impiegato persino in contesti legali e professionali, diventando uno strumento affidabile per rivelare la veridicità o la menzogna di un individuo, specialmente in ambito criminale.

Le ricerche attuali approfondiscono la comprensione del linguaggio del corpo, esaminando come esso sia utilizzato e come possiamo apprenderne al meglio le sfumature. La storia del linguaggio del corpo è lontana dall'essere conclusa; al contrario, è appena agli inizi. Pertanto, è il momento propizio per immergersi nello studio di questo affascinante argomento.

È fondamentale, tuttavia, notare che esistono individui

autoproclamatisi esperti, molti dei quali vantano segreti inconfessati o trucchi mentali da Jedi. L'essenza della questione è che qualsiasi sistema che affermi di rivelare i veri bisogni delle persone deve poggiare su fatti solidi e su una scienza ragionevole, altrimenti rischia di rientrare nel campo della psicologia popolare.

Questo fenomeno è evidente nel mondo degli appuntamenti, dove alcuni individui si proclamano guru capaci di spiegare il funzionamento dell'attrazione attraverso osservazioni superficiali, spesso prive di una base scientifica. Molte di queste affermazioni sono mere ripetizioni di racconti folkloristici e miti urbani.

Personalmente, ho sperimentato su di me molti di questi test, constatando quanto pochi di essi resistessero a un'analisi più approfondita. Un esempio è la prossemica, un concetto che sostiene che se un individuo entra nella tua sfera personale, sta cercando di flirtare. Questo, tuttavia, non è sempre veritiero, poiché ci sono molte ragioni diverse per cui una persona potrebbe desiderare un avvicinamento, e molte di esse non hanno nulla a che fare con l'attrazione. Potrebbe essere semplicemente una manifestazione di dominanza o la ricerca di conforto e protezione. Pertanto, svolgere accuratamente i propri compiti è fondamentale.

CAPITOLO 3: OTTENERE UNA COMPRENSIONE PIÙ PROFONDA

Quando intratteniamo conversazioni con le persone più vicine, desideriamo assicurarci di comprendere appieno ciò che ci stanno realmente comunicando. Soprattutto in discorsi su argomenti delicati, evitare di trascurare dettagli importanti non dichiarati esplicitamente è cruciale. Nelle discussioni serie con la nostra fidanzata, ad esempio, vogliamo evitare di trascurare dettagli che potrebbero farla interpretare male ciò che diciamo o il tono che adottiamo. Anche quando elogiamo un bambino per la sua performance nella squadra, è essenziale assicurarsi che il nostro entusiasmo non tocchi un argomento sensibile.

Questi sono dettagli fondamentali da rilevare in una conversazione. Purtroppo, non possiamo cogliere o comunicare tali sfumature solo attraverso le parole. Il nostro linguaggio del corpo agisce come un veicolo per esprimere e condividere emozioni, che lo vogliamo o meno. Attraverso il linguaggio del corpo, le nostre conversazioni acquisiscono un livello profondo di comprensione, correttezza e applicabilità in diverse situazioni relazionali.

Prima di tutto, quando ci immergiamo in questo argomento, è cruciale comprendere che le apparenze possono ingannare. Se qualcuno dichiara di amarti senza mostrare un'espressione felice, il primo istinto potrebbe essere sospettare di una menzogna. In realtà, potrebbe essere semplicemente stanco. Questo esempio potrebbe sembrare ovvio, ma serve a illustrare che spesso le espressioni facciali comunicano molto più delle parole.

Un altro aspetto fondamentale da considerare è che se dici qualcosa senza provare realmente ciò che esprimi, il tuo corpo potrebbe rivelare i tuoi veri sentimenti. Ho osservato molte persone dichiarare amore per il proprio partner senza riuscire a sostenere uno sguardo diretto mentre lo facevano. Alcune potrebbero anche abbassare lo sguardo, segno di sottomissione o, in alcuni casi, di menzogna.

Da questo esempio emerge chiaramente che il linguaggio del corpo utilizzato può influenzare notevolmente le persone circostanti. Esso può rivelare la sincerità delle tue parole o, al contrario, svelare una possibile falsità. Il linguaggio del corpo si manifesta quando ci si sente nervosi, a disagio, felici o eccitati. In generale, il tuo linguaggio del corpo trasmette il tuo stato d'animo in quel preciso momento, consentendo alle persone di leggere tra le righe delle tue parole e comprendere esattamente ciò che stai vivendo.

In un'occasione personale, mi sono trovato a dover parlare davanti a un ristretto gruppo di persone. Nonostante non fossi solitamente timido, la situazione mi provocava nervosismo, dato che era la mia prima volta affrontando quel specifico discorso.

Ecco come è andata: mi sono alzato di fronte alla platea e mi sono presentato. Quindi, ho iniziato a parlare, cercando di comprimere circa 45 minuti di materiale in un discorso di 20 minuti. Nonostante avessi preparato meticolosamente le mie note e avessi esercitato ciò che dovevo dire, mi sono ritrovato a esporre i concetti a una velocità sostenuta, quasi come una mitraglietta.

Dopo il mio intervento, una persona del pubblico si è avvicinata e ha commentato: "Eri un po' nervoso, vero?" Ho risposto: "Sì, un pochino. Come hai fatto a capirlo?" Mi aspettavo una menzione sulla mia rapidità nel parlare, ma la sua risposta mi ha sorpreso: "Stavi lì in piedi come se avessi le radici piantate nel pavimento".

Radici nel pavimento? A quel punto, mi ha colpito: non mi ero mosso affatto durante l'intero discorso. Ero rimasto immobile con le mie schede in mano, limitandomi a sparare le parole una dietro l'altra. Ho realizzato che, anche solo rimanendo fermo come una statua, avevo evidenziato quanto fossi nervoso.

Questa esperienza mi ha portato a consigliare alle persone di osservarsi mentre parlano. Può essere fatto guardandosi allo specchio o facendosi registrare da qualcuno. L'idea è che osservarsi è il modo migliore per ottenere una terza prospettiva su come ci si presenta mentre si comunica con gli altri. Le persone rilassate e a loro agio parlano con le mani e si muovono in modo naturale e fluido, mentre rimanere immobili può trasmettere un evidente stato di nervosismo.

CAPITOLO 4: ESSERE CONSAPEVOLE DEL TUO LINGUAGGIO DEL CORPO

Essere consapevoli non è solo utile per comprendere il linguaggio del corpo delle persone intorno a te, ma è cruciale anche per interpretare il tuo linguaggio del corpo. Questa sfida può risultare complessa, poiché vedersi da una prospettiva esterna non è sempre facile. Pertanto, il consiglio di osservarti allo specchio o attraverso un video è un valido suggerimento.

Per interpretare il tuo linguaggio del corpo, devi sviluppare un livello elevato di consapevolezza nei confronti del tuo corpo e dei suoi movimenti. È essenziale essere così attenti da percepire anche il più piccolo movimento, come il sottile spostamento di una gamba o di una spalla. Inoltre, devi essere consapevole dei movimenti che il tuo corpo non compie in determinate situazioni; ad esempio, potresti non mantenere il giusto contatto visivo in una conversazione imbarazzante.

La consapevolezza del proprio linguaggio del corpo può risultare impegnativa, ma rappresenta una competenza estremamente preziosa. In questo capitolo, esploreremo ciò che il tuo linguaggio del corpo potrebbe svelare riguardo alle persone intorno a te. Imparando a gestire il tuo linguaggio del corpo, sarai in grado di allineare le tue parole con le tue azioni e i tuoi movimenti.

Il Tuo Linguaggio del Corpo Potrebbe Dire:

Una delle motivazioni più comuni per interessarsi alla lettura della comunicazione non verbale è la capacità di individuare quando una persona sta mentendo. Le cosiddette "Macchine della Verità Umane" non sono dotate di abilità innate, ma hanno appreso perfettamente l'arte di padroneggiare la lettura delle persone. Ad esempio, sono familiari con il contatto e il movimento degli occhi. La mancanza di contatto visivo è un segno rivelatore di menzogna, e anche se il tuo interlocutore evita lo sguardo, puoi comunque cogliere indizi di bugie, come gli occhi "sfuggenti" che si spostano da sinistra a destra. Questo movimento involontario degli occhi può essere un segnale di disagio o insicurezza.

Il Tuo Linguaggio del Corpo Può Far Sentire gli Altri Bene con Loro Stessi:

Il tuo linguaggio del corpo può avere effetti positivi sulle persone con cui interagisci. Un tocco leggero, un sorriso sincero e una risata contagiosa, insieme a uno sguardo prolungato, possono contribuire a elevare l'autostima degli altri. Tuttavia, è fondamentale agire con cautela quando si tratta di contatto fisico, poiché un tocco non richiesto può diventare fastidioso. Espressioni facciali positive, come il sorriso, e gesti aperti, come tenere le braccia distese durante una conversazione, possono far sentire gli altri più a loro agio. Un aspetto importante da considerare è l'"Effetto Specchio", dove imitare sottilmente il comportamento del tuo interlocutore può creare una connessione subconscia e migliorare la comunicazione. Approfondiremo questo concetto più avanti, ma per ora, comprendi che osservare gli altri e adattare il tuo comportamento di conseguenza può migliorare significativamente la qualità della tua interazione.

Il Tuo Linguaggio del Corpo Può Influire sul Benessere Altrui

Quando adotti comportamenti opposti a quelli appena descritti, le tue azioni sottintese potrebbero produrre esiti diametralmente opposti. Se mantieni distanza, eviti sorrisi, ridere, il contatto visivo o semplicemente trascuri la persona con cui stai interagendo, rischi di farla sentire a disagio. Inoltre, il tono della tua voce svolge un ruolo cruciale nel facilitare il comfort degli altri. Pertanto, prenditi il tempo necessario per assicurarti che la tua voce trasmetta il giusto segnale in relazione a ciò che provi in quel momento.

Il Tuo Linguaggio del Corpo Potrebbe Generare Confusione

Molte forme di linguaggio del corpo sono facilmente comprese dalle persone intorno a noi. Se mostri gentilezza, avvicinandoti e sorridendo, trasmetti il messaggio che apprezzi la loro compagnia. Al contrario, se ignori le persone, parli senza guardarle negli occhi o manifesti un atteggiamento negativo, la conversazione prenderà una piega sicuramente negativa. Se il tuo linguaggio del corpo non è in sintonia con ciò che provi o è notevolmente incoerente, potrebbe causare confusione nelle persone che ti circondano.

Hai mai incontrato qualcuno che, durante un saluto, stringe la mano senza nemmeno guardarti in faccia? Come ti fa sentire questa mancanza di contatto visivo? Probabilmente, ti fa percepire che la persona non sia interessata a te o addirittura che non ti gradisca. La mancanza di contatto visivo può trasmettere un messaggio negativo evidente.

Al contrario, immagina di doverti presentare a un collega che non sopporti, ma decidi di guardarlo negli occhi e sorridere spesso. Questo comportamento, seppur gentile, potrebbe mandare messaggi conflittuali, poiché altri elementi del tuo linguaggio del corpo potrebbero svelare i tuoi veri sentimenti.

Mi viene in mente un episodio in cui due colleghi con una certa antipatia reciproca si sono salutati durante una conferenza. Entrambi sono stati molto formali e professionali, ma l'antipatia emersa è diventata chiara nel momento in cui si sono scambiati una stretta di mano debole, nonostante i sorrisi e le convenevoli superficiali. È evidente come la mancanza di coerenza nel linguaggio del corpo abbia reso l'interazione imbarazzante.

Pertanto, se vuoi evitare che il tuo linguaggio del corpo crei confusione nelle persone intorno a te, presta attenzione e assicurati che sia in linea con ciò che provi e con l'immagine che vuoi proiettare di te stesso. Un'ulteriore situazione in cui il linguaggio del corpo può inviare segnali ambigui è nel contesto degli appuntamenti.

Alcuni corteggiatori sanno dire le cose giuste, ma non mantengono il contatto visivo, non adottano una postura adeguata e si avvalgono di contatti fisici fastidiosi e imbarazzanti. Alcuni autoproclamati "Guru degli appuntamenti" addirittura consigliano ai loro seguaci di cercare il contatto fisico precoce, supponendo che l'altra persona interpreterà questo gesto come segnale di interesse.

Ribadisco: il contatto non richiesto può rapidamente diventare inquietante e compromettere le tue possibilità di stabilire una connessione genuina con qualcuno in pochi secondi. È pertanto essenziale prestare attenzione al tuo comportamento. Adottando una postura adeguata, sorridendo in modo naturale e rispettando lo spazio personale dell'interlocutore, avrai maggiori probabilità di comunicare con successo, evitando di trasmettere un'immagine di inquietante indiscrezione.

Il Tuo Linguaggio del Corpo Come Manifestazione di Sicurezza Personale

Il linguaggio del corpo, le espressioni facciali e i gesti, in generale, costituiscono un inequivocabile indicatore di sicurezza personale o della sua assenza. Quando una persona è sicura di sé, i suoi comportamenti trasmettono chiaramente questo messaggio. Ad esempio, chi è sicuro di sé ha le spalle aperte e uno sguardo diretto davanti a sé. Al contrario, chi mostra una postura con spalle curve potrebbe essere vittima di cattive abitudini, ma la sostanza è che la postura rivela molto più di quanto si possa immaginare.

Per garantire che il tuo corpo rifletta sicurezza, è essenziale sviluppare una profonda consapevolezza dei tuoi movimenti e comportamenti. Devi adottare movimenti decisi del linguaggio del corpo e integrarli nella tua routine quotidiana. Cambiare qualcosa appena percettibile può risultare difficile, ma è sicuramente una competenza preziosa da acquisire.

Un principio fondamentale da tenere a mente è rimanere consapevoli di come il linguaggio del corpo si affianca al messaggio che intendi trasmettere. Se provi sinceramente simpatia per una persona, assicurati che il tuo linguaggio del corpo rifletta in modo coerente le tue azioni. Allo stesso modo, se non provi genuina simpatia per qualcuno, cerca di evitare che il tuo linguaggio del corpo lo offenda. In fondo, non c'è nulla di male nell'essere educati e rispettosi.

CAPITOLO 5: LINGUAGGIO DEL CORPO APPRESO CONTRO LINGUAGGIO DEL CORPO GENETICO

Nel contesto apparentemente semplice del linguaggio del corpo, potrebbe sembrare una parte modellabile della propria personalità, appresa osservando il comportamento dei genitori, degli altri membri della famiglia o persino degli amici. Tuttavia, secondo gli studi scientifici, il linguaggio del corpo potrebbe non essere semplicemente un prodotto dell'ambiente, ma potrebbe essere trasmesso geneticamente.

Paul Ekman, nel suo libro del 2003 "Le Emozioni Rivelate", esplora come il linguaggio del corpo sia considerato un tratto evolutivo. Tale concezione è nata dall'osservazione del comportamento di scimpanzé che muovono la testa da un lato all'altro per avvisare gli altri quando stanno per compiere un'azione inappropriata. Questo gesto, comune anche agli umani per esprimere una reazione negativa a un determinato comportamento, potrebbe essere stato trasmesso geneticamente attraverso l'evoluzione.

L'esempio suggerisce che alcuni comportamenti siano incorporati nella memoria genetica, rendendoli istintivi piuttosto che appresi dall'ambiente circostante. Il sorriso, ad esempio, è una forma di linguaggio del corpo che trasmette messaggi su vari livelli in diverse situazioni, eppure nessuno ci ha mai insegnato a sorridere. È un riflesso innato che emerge quando siamo felici.

Gli scienziati esplorano la natura genetica o appresa del linguaggio del corpo osservando persone nate cieche. Non avendo mai visto nessuno sorridere, queste persone non potrebbero aver appreso tale reazione dall'osservazione. Tuttavia, le persone cieche sorridono, dimostrando che il linguaggio del corpo può essere genetico. Alcuni comportamenti sono chiaramente istintivi, ma l'ambiente in cui cresci influisce notevolmente su di essi.

Molti gesti e manierismi utilizzati per comunicare sono culturali e pertanto rilevanti solo per specifici gruppi sociali. Alcuni comportamenti possono avere significati opposti in culture diverse, evidenziando che i manierismi non sono solo il risultato dell'evoluzione, ma anche dello sviluppo nel tempo di determinati gruppi sociali.

Un ulteriore modo in cui le persone si conformano a certi atteggiamenti proviene dalle dinamiche familiari. Se hai trascorso la tua infanzia in una famiglia appassionata di eventi sportivi, avrai probabilmente assistito a esultanze variegate nelle tribune. Alcuni applaudono semplicemente, mentre altri urlano e ballano in cerchio. Se tua madre, ad esempio, manifestava la sua esaltazione lanciando le braccia in aria e gridando "WOOOO" a favore della sua squadra preferita, potrebbe esserci la possibilità che questo diventi il tuo modo personale di tifare durante gli eventi sportivi. I ricordi dell'entusiasmo di tua madre, ancorati alla sua specifica espressione, potrebbero influenzare il tuo comportamento nel corso degli anni. Di conseguenza, l'ambiente familiare svolge un ruolo cruciale nella comprensione del linguaggio del corpo di un individuo.

Al contrario, se sei cresciuto in una cultura con regole e aspettative ben definite riguardo al linguaggio del corpo, avresti sviluppato un modello conforme alle linee guida culturali o religiose. Queste norme possono variare notevolmente, delineando ciò che è accettabile e ciò che non lo è. Alcune culture attribuiscono grande importanza al contatto fisico, mentre altre lo evitano del tutto. È essenziale comprendere che non esistono modelli "corretti" o "errati" nel linguaggio del corpo, ma piuttosto sono fortemente radicati nel contesto culturale in cui l'individuo è cresciuto.

Questo aspetto rende affascinante il contesto del business internazionale. Quando interagisco con uomini d'affari stranieri, dedico sempre del tempo a garantire che i miei gesti non siano fraintesi. La ricerca preventiva mi consente di adattare il mio comportamento in modo appropriato, creando un ambiente confortevole per tutti.

Risulta evidente che il linguaggio del corpo possa derivare sia da influenze genetiche che culturali. Pertanto, è essenziale prestare attenzione al modo in cui la tua cultura personale interpreta determinati gesti e manierismi. Comprendere chiaramente quali elementi non verbali siano radicati nella tua cultura ti aiuterà a comunicare in modo più efficace.

Vale la pena dedicare del tempo a confrontare i modelli di

comunicazione non verbale della tua cultura con quelli di altre culture. Puoi trarre ispirazione dalle parole di Aristotele e osservare le interazioni nelle aree pubbliche. Vivendo in una zona frequentata da turisti, potrai facilmente confrontare il modo in cui i locali interagiscono con gli stranieri, ottenendo una visione chiara di come le persone convivono con la propria cultura.

CAPITOLO 6: LE LINEE GUIDA PRINCIPALI PER LEGGERE LE PERSONE

In questo capitolo, esploreremo sei linee guida fondamentali, concentrando la nostra attenzione sulla comunicazione non verbale e sul linguaggio del corpo nel suo complesso.

Linea Guida I: Fai i Tuoi Compiti a Casa

Gli studenti che si dedicano allo studio del comportamento umano e della psicologia comprendono l'importanza delle risorse affidabili per rimanere informati. In un mare di informazioni spesso poco attendibili, è cruciale prestare attenzione alle fonti, cercando origini verificate. Questo vale soprattutto per coloro che si auto-proclamano guru, promettendo di rivelare i segreti del comportamento umano.

Esperti autorevoli come il professore di psicologia di Harvard, Jordan Peterson, distribuiscono video popolari su YouTube e articoli accademici che esplorano la psicologia e la scienza comportamentale in modo accessibile. La selezione accurata delle fonti è essenziale per ottenere informazioni affidabili.

Linea Guida 2: Uomini e Donne Reagiscono in Modo Diverso agli Stessi Stimoli

Sebbene maschi e femmine siano biologicamente uguali, la connessione evolutiva ha plasmato prospettive diverse. Questa differenza affonda le radici nei ruoli tradizionali, in cui gli uomini erano cacciatori-raccoglitori e le donne responsabili delle attività domestiche e della cura dei bambini.

Questa prospettiva evolutiva ha modellato la tendenza delle donne a evitare conflitti e degli uomini a essere più propensi all'aggressività. Sebbene la società moderna abbia lavorato per superare questi stereotipi di genere, persiste la realtà che uomini e donne interpretano gli stimoli in modi distinti. Comprendere queste differenze è essenziale per definire comportamenti accettabili.

Ad esempio, consideriamo la prossemica. La vicinanza e il contatto fisico possono essere interpretati in modo diverso tra i generi. La regola della "lunghezza della mano" diventa un modo efficace per evitare invasioni dello spazio personale. Limitare il contatto fisico, a meno che non sia richiesto, rappresenta la migliore strategia per prevenire incomprensioni e comporta-menti inappropriati.

Linea Guida 3: Noi siamo "Programmati"

Un fraintendimento comune riguarda la convinzione che tutti gli atteggiamenti e gli istinti siano innati nel nostro DNA, un errore che molti neofiti commettono. Sebbene ci sia una base di verità in questa affermazione, la realtà è che gran parte dei nostri comportamenti si apprende attraverso l'influenza della cultura familiare e dei gruppi sociali. Come precedentemente menzionato, molti dei nostri gesti, comportamenti e manierismi sono il risultato di apprendimenti. Pertanto, è fondamentale sforzarci di adottare quei comportamenti che riteniamo possano facilitare la comunicazione con gli altri. In un certo senso, possiamo "de-programmare" parte del sistema che ci è stato inculcato durante l'infanzia.

Linea Guida 4: Non Esiste una "Bacchetta Magica" per Leggere le Persone

Spesso ti imbatterai in individui che affermano di possedere il segreto per comprendere gli altri, spesso nel contesto degli appuntamenti. Molti di questi presunti esperti sostengono di aver padroneggiato l'arte della lettura mentale e promettono che tutto ciò di cui hai bisogno è acquistare il loro corso. Sebbene esistano tecniche che possono migliorare la tua comprensione delle emozioni altrui, la realtà è che non esiste una bacchetta magica. Non puoi aspettarti di trovare un trucco miracoloso Jedi per comprendere le persone. Questa abilità richiede l'acquisizione di diverse competenze, tra cui la decodifica del linguaggio del corpo, delle espressioni facciali, del tono della voce e altro ancora. Leggere gli altri come un libro aperto sarà il risultato di un impegno costante, integrando diverse strategie in un'unica competenza.

Linea Guida 5: L'Età Gioca un Ruolo Fondamentale

Esamineremo approfonditamente questo argomento in seguito, ma è evidente che gestire i bambini è molto diverso dall'interagire con persone più mature. I bambini, specialmente quelli troppo piccoli per verbalizzare i loro sentimenti, comunicano prevalentemente attraverso segnali non verbali, a differenza degli adulti che sono più espressivi verbalmente.

Pertanto, è cruciale prestare attenzione alle azioni e ai gesti dei bambini, poiché possono trasmettere malcontento attraverso segnali come il muso o esprimere una vasta gamma di emozioni attraverso il pianto. Mentre gli adulti possono concentrare una moltitudine di sentimenti in un'unica azione, comprendere i più giovani richiede un'attenzione particolare. Le generazioni possono manifestare comportamenti diversi, ma i sottotesti e i manierismi subconsci rimangono costanti, ancorati alla cultura. In generale, le nuove generazioni si sono dimostrate più aperte nell'espressione dei sentimenti, ma i sottotesti e i manierismi rimangono immutati.

Linea Guida 6: Il Contesto è la Chiave

Alla variabile di genere e età si aggiungono numerosi fattori che influenzano la lettura del linguaggio corporeo, modulandone il significato: il luogo in cui ti trovi, il motivo della tua presenza, la tua relazione con l'altra persona, la sua personalità, il contesto delle vostre precedenti interazioni e molte altre variabili. È essenziale tenere in considerazione ogni informazione riguardante il contesto disponibile, altrimenti si corre il rischio di interpretare completamente erroneamente il linguaggio corporeo di qualcuno.

Forse il concetto più cruciale di questa ultima linea guida è che l'esperienza diventa il tuo miglior maestro. In questo contesto, le tue osservazioni si trasformano nel tuo principale alleato per comprendere e decodificare gli indizi contestuali e non verbali che le persone intorno a te costantemente trasmettono.

Nella sezione successiva, esploreremo dettagliatamente come affinare la tua capacità di leggere le persone, focalizzandoci sulle sfumature che rendono il linguaggio corporeo un intricato linguaggio da decifrare.

CAPITOLO 7: ESPRESSIONI FACCIALI - VISO E FRONTE

Quando ci si immerge nell'analisi del linguaggio del corpo, la mente spesso si rivolge al volto, luogo privilegiato in cui si manifestano molteplici emozioni attraverso espressioni quali il sorriso, la fronte aggrottata, le sopracciglia sollevate o una bocca stretta.

Un aspetto cruciale da comprendere riguardo al linguaggio del corpo facciale è la sua suscettibilità alla falsificazione. Molte persone sono estremamente consapevoli delle espressioni che compongono il loro viso, e tale consapevolezza consente loro di selezionare accuratamente l'espressione o il movimento più idoneo per comunicare un particolare significato al loro interlocutore. Nonostante ciò, il desiderio di attirare l'attenzione è una costante in questa dinamica.

È fondamentale tenere presente che, se il linguaggio complessivo del corpo di un individuo risulta incoerente, vi è la possibilità che egli stia mascherando le sue emozioni tramite il volto. Eric Ravenscraft, nel suo eloquente articolo del 2014 intitolato "Come interpretare il linguaggio del corpo con maggiore efficacia", delinea le emozioni frequentemente simulate attraverso le espressioni facciali.

Uno degli indicatori chiave da lui menzionato è il sorriso finto. Ravenscraft argomenta che, in molte culture, i bambini apprendono fin da giovani a sorridere in determinate situazioni sociali, indipendentemente dalla sincera manifestazione dell'emozione sottostante. Ad esempio, considera l'apertura di un regalo di Natale da parte della tua amata nonna: un maglione all'uncinetto in un colore sconosciuto e irritante al solo tocco.

Come reagisci in quel momento? Lasci emergere le emozioni negative legate al regalo sul tuo volto? In genere, la risposta comune sarebbe "no". In queste circostanze, benché il maglione possa risultare spiacevole, siamo consapevoli dell'affetto della nonna e della dedizione impiegata per il dono, dunque sorridiamo falsamente per non ferire i suoi sentimenti.

Il sorriso finto, tuttavia, rappresenta una rappresentazione ingannevole per gli osservatori, poiché suggerisce che il dono ci abbia entusiasmato, quando in realtà non è così. Questa situazione è familiare a molti, ma il rischio principale risiede nel fraintendimento da parte di chi ci circonda, basandosi su segnali facciali che non rispecchiano le reali emozioni interiori.

Fortunatamente, armati delle giuste conoscenze, possiamo distinguere tra un sorriso sincero e uno finto. Per riconoscere la differenza, è essenziale osservare attentamente il viso di una persona mentre sorride. Nei sorrisi autentici, gli occhi e spesso l'intera testa partecipano, con sollevamento delle sopracciglia o uno sguardo leggermente rivolto verso l'alto, accompagnati da un sollevamento degli angoli della bocca; al contrario, nei sorrisi falsi, il movimento coinvolge soltanto la bocca.

L'esplorazione delle espressioni facciali e del loro significato si spinge ben oltre la superficie dei meri sorrisi. Come illustrato nel pregiato lavoro di Paul Ekman, insieme a Wallace Friesen, nel 1978, essi hanno diffuso la pratica della lettura delle espressioni facciali attraverso un sistema noto come Sistema di Codificazione delle Azioni Facciali (Facial Action Coding System o FACS).

Nel contesto del FACS, Ekman e Friesen hanno assegnato etichette a ogni zona del viso e della testa. Ciascuna di queste regioni si muove in sincronia con specifiche emozioni e sensazioni, che possono variare da movimenti appena percettibili a gesti facciali più ampi ed eloquenti. Il FACS, solitamente impiegato da esperti nel campo, è un metodo sviluppato al computer che può essere applicato anche a certi primati, come gli scimpanzé, e può rivelarsi utile nella diagnosi di disturbi come la depressione.

All'interno del FACS, si registra l'entità dei movimenti facciali, suddivisi in categorie da A (Traccia) a E (Massimo). Questi movimenti comprendono sollevamenti delle sopracciglia, spostamenti degli occhi e solchi sulla fronte. Concentrandosi su quest'ultima, osservare la fronte diventa cruciale nell'analisi del linguaggio del corpo facciale. Una fronte aggrottata, ad esempio, può rivelare sorpresa, mentre una coperta di sudore può indicare nervosismo o paura. Il toccarsi la fronte può segnalare stress o sforzo nel comprendere qualcosa.

Indubbiamente, le espressioni facciali svolgono un ruolo chiave nella decodifica delle emozioni di un individuo, indipendentemente dalla verbalizzazione delle parole. È essenziale comprendere che il linguaggio del corpo non si limita alle espressioni facciali; pertanto, è imperativo prestare attenzione anche agli altri segnali. Le espressioni facciali, infatti, rappresentano soltanto la punta dell'iceberg quando si tratta di esplorare gli indizi non verbali.

In generale, le espressioni facciali costituiscono la nostra prima impressione di una persona. Sebbene braccia, mani, postura e movimenti nel loro insieme rivestano un ruolo significativo, è sulle espressioni facciali che l'attenzione si concentra inizialmente. Inoltre, esse sono particolarmente difficili da dissimulare, dato che spesso sono il frutto di reazioni subconscie. Adottare un approccio "dall'alto in basso", partendo dal volto e procedendo verso il basso, può conferire un vantaggio notevole nella lettura accurata delle persone.

CAPITOLO 8: OCCHI

Gli occhi, spesso considerati gli strumenti più eloquenti nel linguaggio del corpo, svolgono un ruolo di estrema espressività. La loro analisi richiede una comprensione approfondita, poiché ciò che i nostri occhi comunicano può variare dai movimenti che siamo in grado di controllare a quelli che sfuggono al nostro controllo. In questo capitolo, esploreremo tali movimenti per dotarti delle competenze necessarie per interpretarli nella tua vita quotidiana.

Tra i segnali più intriganti del linguaggio del corpo che emergono dagli occhi, spiccano le pupille. La peculiarità risiede nel fatto che non abbiamo controllo diretto sul loro comportamento. Sebbene sappiamo che le pupille si contraggono o dilatano in base alla luce ambientale, esse possono altresì espandersi quando siamo genuinamente interessati alla persona o all'argomento della conversazione. Un'ampia dilatazione pupillare può indicare un sincero interesse o, persino, un'eccitazione dell'interlocutore. Analogamente, l'apertura degli occhi può essere un segno di entusiasmo. Al contrario, se noti una contrazione o uno stringersi delle pupille senza motivazioni esterne, potrebbe denotare un disagio o un dissenso nei confronti della discussione, o persino una percezione di minaccia. Tuttavia, è prudente corroborare la lettura delle pupille con altri segnali non verbali per garantirne la corretta interpretazione.

Un altro aspetto incontrollato del linguaggio del corpo legato agli occhi è lo sbattere delle palpebre. Sebbene possiamo esercitare un certo controllo su questo movimento, spesso lo compiamo in modo involontario, trasmettendo più informazioni di quanto vorremmo comunicare consapevolmente.

Il contatto visivo rappresenta uno degli elementi di comunicazione non verbale più significativi, fondamentale sia nelle relazioni professionali che in quelle personali. Quando incontro qualcuno per la prima volta, preferisco stringere la mano, guardare dritto negli occhi e sorridere. In un contesto professionale, questo atteggiamento trasmette sicurezza e relax. A livello personale, il contatto visivo diretto è un modo efficace per dimostrare interesse verso l'altro, sebbene sia cruciale evitare di risultare inquietanti. Nel mondo degli appuntamenti, in particolare, un contatto visivo amichevole può inviare un segnale positivo, a condizione che sia rispettoso e non eccessivamente prolungato. Un battito regolare delle palpebre contribuirà a rendere il contatto visivo più naturale e spontaneo.

Inoltre, questo approccio denota l'interesse autentico di una persona nel conversare con te, indicando che sei il fulcro della sua attenzione. Quando c'è un interesse genuino nei tuoi confronti, il contatto visivo è un segnale inequivocabile. Allo stesso tempo, la persona potrebbe decidere di eliminare altre distrazioni, come il telefono, confermandoti così di aver colpito nel segno.

D'altro canto, la mancanza di contatto visivo potrebbe tradursi in un disinteresse nei tuoi confronti o, in ultima analisi, nelle tue parole. La controparte potrebbe essere stanca della conversazione o, semplicemente, non desiderare approfondirla, cercando magari di trasmettertelo attraverso la riduzione del contatto visivo.

Un contatto visivo intenso e costante può altresì indicare che la persona sta cercando di proiettare un'immagine di potere. Talvolta, questi sguardi intensi possono risultare intimidatori, un mezzo deliberato con cui alcuni cercano di esercitare il loro controllo. Questa forma di linguaggio del corpo è ritenuta di natura primordiale, poiché persino i cani possono reagire aggressivamente o mostrare paura di fronte a un contatto visivo costante percepito come minaccioso.

La fissazione prolungata potrebbe anche rivelarsi un segno di menzogna. Al contrario, una mancanza di contatto visivo, sebbene possa sembrare controintuitiva, potrebbe sollevare sospetti. Chi è consapevole di questo aspetto potrebbe sforzarsi di mantenere il contatto visivo durante la conversazione. Tuttavia, è essenziale stabilire dei limiti per evitare che ciò diventi inusuale o imbarazzante. In tal modo, potresti riuscire a dedurre se qualcuno sta nascondendo qualcosa, anche se tenta di convincerti del contrario.

Naturalmente, quando si mente, la reazione tipica è guardare altrove. Questo è un comportamento involontario, scaturito da sensazioni di insicurezza e timidezza. Persino gli esperti dell'inganno commettono questo errore a volte. Gli investigatori, in tal caso, scrutano i sospettati frontalmente, aspettando segnali di cedimento.

Tuttavia, è importante sottolineare che una mancanza di contatto visivo non sempre indica la menzogna. Potrebbe semplicemente riflettere nervosismo o timidezza, soprattutto in situazioni complesse, come un appuntamento o un colloquio di lavoro. In alcuni casi, il nervosismo potrebbe derivare da un generale disagio con il contatto visivo, influenzato dall'educazione, dalla cultura o da specifiche disabilità, argomento che affronterò dettagliatamente in un capitolo successivo di questo libro. Pertanto, cerco sempre di mettere a proprio agio le persone, stabilendo inizialmente il contatto visivo e poi offrendo loro la libertà di guardare altrove.

Un altro aspetto intrigante nel linguaggio del corpo espresso dagli occhi riguarda la direzione in cui sono rivolti. Un elemento da considerare è che, se gli occhi sono orientati a sinistra, la persona sta cercando di ricordare un evento passato. Se invece sono rivolti a destra, sta cercando di essere creativa e generare nuove idee.

Il gesto di roteare gli occhi rappresenta un comune, sebbene spesso involontario, esempio di linguaggio del corpo espresso attraverso gli occhi. Quando questo gesto non è intenzionale, tradisce fastidio, noia o dissenso.

La pratica di roteare gli occhi è diventata così diffusa tra gli adolescenti da configurarsi come uno stereotipo consolidato. Tuttavia, va sottolineato che anche gli adulti si avvalgono spesso di questo gesto. Che si tratti di esprimere fastidio, dissenso, noia o rabbia, l'atto di roteare gli occhi, soprattutto se effettuato in modo non intenzionale, rappresenta un segnale che qualcosa non viene comunicato apertamente e che, molto probabilmente, il contenuto è negativo.

Il linguaggio del corpo legato agli occhi può anche comprendere comportamenti intenzionali. Ad esempio, a volte utilizziamo l'occhiolino come forma di comunicazione. Possiamo chiedere aiuto in silenzio, rivolgendo uno sguardo complice a qualcuno nelle vicinanze, oppure esprimere emozioni difficili da verbalizzare, come il pianto, che diventa un mezzo di espressione quando le parole risultano troppo complesse. Tuttavia, è importante sottolineare che alcune persone ricorrono al pianto come strategia manipolativa, utilizzando lacrime fittizie, conosciute come "lacrime di coccodrillo", per ottenere ciò che desiderano.

Inoltre, roteare gli occhi può essere una forma di provocazione o di disinteresse nei confronti di una persona o di ciò che sta dicendo. Questa espressione può essere scherzosa, ma può anche indicare un atteggiamento di indifferenza o provocazione.

In definitiva, il linguaggio del corpo degli occhi, sia esso involontario o intenzionale, svela un universo di significati sottostanti, che vanno al di là delle parole pronunciate. La comprensione di tali segnali arricchisce la nostra capacità di interpretare le dinamiche interpersonali e di comunicare in modo più efficace con il mondo che ci circonda.

CAPITOLO 9: ORECCHIE, NASO, GUANCE MASCELLA E MENTO

Il linguaggio del corpo, espresso attraverso il volto, è un intricato mezzo di comunicazione che rivela una gamma infinita di sentimenti ed emozioni. In questo capitolo, esploreremo come questo linguaggio si manifesta attraverso le orecchie, il naso, le guance, la mascella e il mento, analizzando il significato di tali movimenti e il modo in cui possiamo interpretarli negli altri e in noi stessi.

Cominciamo con le orecchie e la loro capacità di comunicare con noi. La modalità più comune di interazione con il corpo è la "trazione dell'orecchio", ovvero il gesto di tirare leggermente, passare sopra con la mano o bloccare con delicatezza l'orecchio. Questo gesto può manifestarsi quando una persona sta mentendo o è stressata. L'origine di questo movimento è il maggior afflusso di sangue alle orecchie, rendendole rosse e calde in modo scomodo. Max Atkinson, nel suo lavoro del 1984, "Le Voci dei Nostri Maestri", sottolinea come certi gesti, come toccarsi il naso o le orecchie, potrebbero essere segnali di menzogna. L'importanza di questa affermazione risiede nel fatto che tali movimenti involontari si attivano a livello subconscio quando una persona è nervosa o sta nascondendo qualcosa, apparendo come meccanismi di conforto più che parti intenzionali del comportamento.

Proseguiamo con le guance, apparentemente immobili ma capaci di trasmettere messaggi profondi. Il ritirare le guance verso l'interno durante un'inspirazione, per esempio, potrebbe indicare disapprovazione nei confronti di ciò che sta accadendo. Al contrario, soffiare le guance in fuori potrebbe suggerire la presa di una decisione o esprimere stanchezza. Il rossore delle guance in determinate situazioni può essere un indicatore utile nel leggere il linguaggio del corpo, poiché il colore rosso può denotare rabbia o imbarazzo. La perdita improvvisa del colore potrebbe indicare malessere o disagio della persona.

Passiamo ora al mento, un elemento cruciale nello studio del linguaggio del corpo. Se una persona tiene il mento verso l'interno, potrebbe essere un segno di un istinto primordiale che suggerisce minaccia o posizione di sottomissione, poiché questa posizione protegge la gola. Se, al contrario, spinge il mento in avanti, potrebbe voler comunicare dominanza o il desiderio di confronto. Un mento in posizione neutra indica che la persona si sente al sicuro e non percepisce minacce.

A volte, la scelta di come un uomo decide di lasciarsi crescere la barba può influenzare il suo linguaggio del corpo in modo significativo. Se un uomo sfoggia una barba folta senza preoccuparsi particolarmente di curarla, sta mostrando di essere a suo agio con la propria autenticità. D'altra parte, se la barba è lunga e trascurata, potrebbe indicare disinteresse per l'aspetto fisico o attraversamento di un periodo difficile nella sua vita. Inoltre, lo stile della barba può fornire indizi sul rispetto delle regole culturali da parte di una persona.

È comune osservare le persone passarsi la mano sulla mascella, un gesto che di solito suggerisce riflessione profonda. Se qualcuno sostiene la testa con una mano sotto al mento, potrebbe esprimere stanchezza, ma potrebbe anche indicare noia. È sorprendente come piccole parti del viso possano trasmettere una vasta gamma di significati nel linguaggio del corpo. Tipicamente, queste sottili espressioni facciali possono sfuggire all'attenzione. Tuttavia, armato delle conoscenze acquisite in questo capitolo, non solo sarai in grado di notare questi movimenti, ma comprenderai anche con precisione il loro significato.

CAPITOLO 10: BOCCA, LABBRA, SORRISO E RISATA

Noi siamo abituati a considerare la bocca come la parte del nostro corpo deputata al linguaggio verbale, ma, di solito, ci concentriamo solo sulla sua capacità di esprimere parole. In realtà, la nostra bocca veicola un significato molto più profondo rispetto a quello puramente verbale, che spesso trascuriamo nella vita di tutti i giorni. La bocca gioca un ruolo di rilievo nel linguaggio del corpo e nella trasmissione di segnali non verbali.

Se hai mai conversato con qualcuno capace di leggerti con precisione, che riesce a percepire ciò che provi sotto la superficie, è probabile che questa persona abbia dedicato molto tempo, durante le vostre interazioni, a osservare le tue labbra. Gli esperti attuali generalmente ritengono che coloro che comprendono meglio il linguaggio del corpo tendano a focalizzarsi sulle labbra più di qualsiasi altra parte del corpo, sfatando così la concezione precedente che indicava gli occhi come il punto chiave di osservazione.

Di solito, le persone respirano attraverso il naso; pertanto, se noti qualcuno che respira dalla bocca (e non a causa di un naso completamente occluso), ciò potrebbe fornirti informazioni preziose sul suo stato emotivo. La respirazione attraverso la bocca indica un tentativo di introdurre più ossigeno del normale. Questo può segnalare paura o rabbia intensa, preparando il corpo a una reazione di attacco. Tuttavia, potrebbe anche indicare un problema respiratorio che limita la capacità di respirare. Quindi, fai attenzione a considerare questi possibili contesti per evitare interpretazioni errate dei segnali.

La respirazione veloce attraverso la bocca potrebbe indicare un elevato livello di stress o addirittura un attacco di panico. In alternativa, potrebbe essere dovuta al caldo, con il corpo che cerca più ossigeno per raffreddarsi.

Se una persona respira velocemente ma in modo non profondo o silenzioso, potrebbe essere profondamente triste. Questo segnale è utile per riconoscere se qualcuno necessita di supporto, ma prova imbarazzo nell'esprimerlo con le persone circostanti.

Il respiro profondo può assumere varie sfumature di significato. Respirare profondamente con uno sbadiglio può indicare sonnolenza o noia rispetto alla situazione o alla conversazione. Inspirare ed espirare profondamente con gli occhi chiusi potrebbe rivelare un tentativo di auto-calmarsi e rilassare il corpo. Respiri profondi seguiti da un singhiozzo potrebbero denotare tristezza, noia, frustrazione o rabbia nei confronti di ciò che si sta vivendo.

Inoltre, aspetti apparentemente semplici come le labbra, che svolgono molteplici funzioni oltre al parlare, possono fungere da veicolo nel linguaggio del corpo. Quando qualcuno spinge le labbra in fuori, formando un cerchio stretto, spesso vuole indicare un disagio nella conversazione o nella situazione in cui si trova. Tornando all'articolo di Ravenscraft "Come leggere il linguaggio del corpo in maniera più efficace", ricercare questo movimento delle labbra rappresenta per gli esperti un metodo di analisi nei confronti dei discorsi e delle dichiarazioni dei politici. Attraverso questo artificio, possono discernere se chi parla si trova in difficoltà affrontando un determinato argomento o se sta affermando come vero qualcosa in cui non crede veramente.

Contrarre le labbra è un gesto che può svelare molte sfumature sulla persona che lo compie. Talvolta, questa contrazione potrebbe denotare un pensiero, che sia relativo a qualcosa appena detto o a ciò che si desidera esprimere. Può altresì indicare che una persona è contrariata, infastidita, nervosa o esitante. Questo gesto si manifesta spesso durante imbarazzanti pause in una conversazione, quando si cerca di decidere se è opportuno procedere con la discussione o meno.

Quando qualcuno si lecca le labbra, potrebbe essere un segno che desidera qualcosa che ha visto o sta contemplando. Questo desiderio può spaziare dalla voglia di un delizioso cibo avvistato o annusato a un desiderio sessuale nei confronti della persona con cui si sta dialogando. Va prestata attenzione a questa interpretazione, poiché leccarsi le labbra potrebbe essere anche un gesto inconscio di idratazione, specialmente se le labbra sono secche e screpolate.

I sorrisi, senza dubbio, rientrano nel linguaggio del corpo associato alla bocca e rivestono significati vari e di grande rilevanza. Come precedentemente menzionato, esistono sorrisi autentici e falsi.

Un sorriso autentico può illuminare l'intero volto di una persona, coinvolgendo anche gli occhi e le sopracciglia. Un sorriso genuino può far sollevare la testa di chi sorride, mentre un sorriso falso altera solo la posizione della bocca. I sorrisi veri indicano che una persona è sinceramente felice. Possono esprimere soddisfazione per la conversazione o fiero interesse nei tuoi confronti. I sorrisi possono anche denotare un genuino desiderio di conoscerti meglio. Un fatto interessante da considerare è che i sorrisi falsi durano più a lungo di quelli autentici. Con questa consapevolezza, è possibile distinguere tra sorrisi veri e falsi, agevolando la comprensione del messaggio che una persona intende trasmettere attraverso il suo linguaggio del corpo.

Analizziamo ora diverse tipologie di sorrisi. Un mezzo sorriso coinvolge soltanto metà del viso, indicando spesso che la persona potrebbe non essere necessariamente felice; potrebbe essere sarcastica o incerta sui propri sentimenti. Può altresì suggerire nervosismo, mascherato da un'apparenza di sicurezza.

I sorrisi deboli possono essere interpretati come una forma di sottomissione. Indicano che una persona è timida o sta cercando di mostrare che non ha intenzione di competere con te.

In alcune culture, i sorrisi assumono significati diversi rispetto ad altre parti del mondo, nonostante le variazioni siano più uniche che comuni. Un sorriso può spesso suggerire che hai una domanda da fare o che hai qualcosa da dire, aspettando solo di essere chiamato.

I sorrisi costituiscono soltanto uno dei molteplici segnali interpretativi che la bocca può trasmettere attraverso il linguaggio del corpo. Possiamo acquisire notevoli insights sulla persona anche quando il sorriso non è presente. Una persona che mantiene la bocca serrata sta suggerendo di avere qualcosa da comunicare ma, al contempo, sta cercando di trattenersi. Potrebbe rivelare un tentativo di apparire piacevole, nonostante un sentimento sottostante di tristezza. In alternativa, potrebbe indicare che la persona ha qualcosa da dire, ma ritiene che l'espressione sarebbe inappropriata in quel momento. Inoltre, se la bocca assume una linea retta mentre gli occhi non trasmettono nulla di positivo, potrebbe segnalare tristezza o giudizio verso gli altri.

L'assenza del sorriso può altresì manifestarsi in un accenno di aggrottare la fronte, un chiaro segno di tristezza. Tale espressione potrebbe denotare disagio per qualcosa all'interno della conversazione o per avvenimenti negativi nella vita della persona.

Una bocca aperta con sopracciglia sollevate e occhi spalancati potrebbe indicare sorpresa o shock rispetto a ciò che viene visto o udito. Questa emozione può essere positiva o negativa, e per distinguerla è necessario osservare altri segnali del linguaggio del corpo che la persona sta emettendo.

Oltre alle varie espressioni facciali, consideriamo anche i suoni che la bocca può emettere, escludendo le parole, poiché qui ci occupiamo del linguaggio del corpo: in particolare, le risate. Le risate sono indicative di felicità e divertimento. La risata può scaturire da quanto è stato detto o visto e, sebbene breve, può presentare diverse sfumature.

Una persona può ridere molto in situazioni di imbarazzo o nervosismo. Questa risata può fungere da mezzo per sentirsi a proprio agio o distogliere mentalmente dalla difficile situazione appena vissuta o che sta per affrontare. Pur potendo sembrare inappropriata, conoscere questo aspetto del linguaggio del corpo è cruciale, in quanto permette di comprendere e supportare chi sta ridendo fuori contesto. Potrebbe essere troppo imbarazzata per chiedere aiuto, ma la tua consapevolezza del linguaggio del corpo facilita l'offerta di assistenza senza dover formulare domande inutili.

Senza dubbio, la risata può essere considerata un'emozione positiva, specialmente nel contesto dell'attrazione. Le donne, in particolare, tendono a ridere di più in presenza di uomini che suscitano il loro interesse, e agli uomini piace che le donne ridano alle loro battute. Questo fenomeno indica una connessione forte all'inizio di una relazione.

A volte, ci sorprendiamo a ridere anche quando la situazione non è necessariamente umoristica. Può accadere di scoppiare a ridere di fronte al dolore altrui o di situazioni con cui ci identifichiamo, sia in un video che nella realtà. Questo tipo di risata non deriva necessariamente dalla comicità dell'evento, ma piuttosto dall'instaurarsi di un disagio, con la risata che diventa una reazione corporea per alleviare la tensione. È essenziale distinguere questa risata da quella autentica, scaturita da situazioni effettivamente divertenti, in modo da evitare fraintendimenti quando osserviamo qualcuno ridere in circostanze inaspettate.

Gestire l'ansia può manifestarsi attraverso comportamenti come mordersi le mani o mangiarsi le unghie, espressioni del linguaggio del corpo originarie spesso dalla prima infanzia come meccanismo di comfort. Questi comportamenti possono persistere in età adulta o nei bambini più grandi durante momenti di profondo disagio. Se noti tali gesti in una persona, potrebbe essere segno di nervosismo e indicare la necessità di sostegno. Questi comportamenti possono essere difficili da interrompere, poiché forniscono un senso di comfort in situazioni stressanti. Nel caso di chi succhia il pollice, è fondamentale evitare di giudicare e cercare di offrire supporto, poiché rappresenta un modo per cercare conforto. È essenziale comprendere che il morso può indicare uno stress ancora più elevato rispetto al semplice succhiare. Questa consapevolezza ti permetterà di confortare coloro che si sentono a disagio in tua presenza e di comprendere che questi comportamenti sono normali e non motivo di imbarazzo.

La chiara comprensione del linguaggio del corpo è un potente strumento non solo per aiutare gli altri ma anche per navigare le complesse interazioni umane. Questa consapevolezza ti permetterà di evitare fraintendimenti nelle relazioni. Comprendere i segnali provenienti dalla bocca è fondamentale per interpretare il linguaggio delle persone. Tuttavia, è altrettanto importante esplorare altre parti del corpo, come la testa, il collo e le spalle, per ottenere una visione completa del linguaggio corporeo.

CAPITOLO 11: TESTA, COLLO E SPALLE

Abbiamo esplorato il linguaggio del corpo legato al viso e a ogni sua caratteristica. Ora, dirigiamoci verso la testa nella sua totalità, approfondendo ulteriormente il linguaggio del corpo associato al collo e alle spalle.

Iniziamo esaminando l'atteggiamento di chi abbassa la testa più del normale. Se una persona inclina la testa verso il basso, ma i suoi occhi rimangono rivolti verso l'alto in direzione tua, potrebbe percepire una potenziale minaccia da parte tua. Questa minaccia può manifestarsi come una reazione difensiva, indipendentemente dalla natura fisica o meno dell'attacco percepito.

Se, invece, la testa è abbassata e gli occhi sono rivolti verso il suolo, ciò può indicare paura o sottomissione nei tuoi confronti. La persona potrebbe temere un possibile danno o percepire una disparità di forza. Al contrario, potrebbe anche rivelare ammirazione, con la persona che si sente così sopraffatta da non riuscire a sostenere il contatto visivo.

Questo gesto può altresì indicare imbarazzo o vergogna. La persona potrebbe sentirsi in colpa riguardo a qualcosa e evita il contatto visivo per eludere situazioni imbarazzanti. La motivazione dietro questo atteggiamento dipende strettamente dal contesto della conversazione. Se la persona si sente imbarazzata per una situazione discussa, il suo comportamento potrebbe manifestarsi fin dal momento in cui ti vede, preparandoti a possibili rivelazioni imbarazzanti.

Se la testa è abbassata senza trasmettere nessuno dei segnali sopra descritti, potrebbe essere semplicemente segno di stanchezza. La testa, essendo una parte "felice" del nostro corpo, tende a abbassarsi quando siamo stanchi.

Un'inclinazione rapida della testa potrebbe indicare che la persona si sta nascondendo o cercando riparo da qualcosa che si avvicina, sia esso un oggetto fisico o un'immaginazione interna.

Lo scuotere del capo può indicare un semplice assenso, una conferma positiva. Può essere un segno di approvazione nei tuoi confronti o della presa d'atto della tua presenza.

Cambiando prospettiva, analizziamo cosa significhi quando una persona tiene la testa alta anziché abbassarla. Sollevare la testa può suggerire interesse prolungato su qualcosa, mantenendo lo sguardo fisso senza distoglierlo altrove. Può esprimere anche l'entusiasmo per ciò che sta osservando, specialmente se accompagnato dall'innalzamento delle sopracciglia.

Se una persona solleva la testa in alto e la tiene in quella posizione per un periodo prolungato, potrebbe indicare un profondo stato di noia o stanchezza. Questo atteggiamento potrebbe suggerire disinteresse per ciò che la circonda, manifestando la prontezza a spostarsi su qualcos'altro. Tuttavia, se la persona non è annoiata, potrebbe essere impegnata nella difficile concentrazione su qualcosa che ha udito. Potrebbe aver riconosciuto che ciò che vede la distrae dalla ricezione ottimale di informazioni uditive, spingendola a guardare in alto, verso il vuoto, per focalizzarsi meglio.

In contrasto, un sollevamento rapido e breve della testa potrebbe indicare disinteresse nei tuoi confronti. Potrebbe fung ere da segnale di avvertimento, anticipando un'azione o una domanda, forse causato dalla confusione nei confronti di ciò che stai comunicando.

Quando una persona inclina la testa lateralmente, manifesta interesse verso ciò che viene detto o gli accade intorno. Questo gesto può anche denotare un'attrazione nei tuoi confronti. L'inclinazione della testa esprime la curiosità di approfondire la conoscenza di ciò che sta di fronte. Se l'inclinazione è leggera, potrebbe indicare imbarazzo o incertezza; tuttavia, se è più evidente, significa che la persona è profondamente interessata e curiosa.

In molte culture, il movimento di scuotere la testa verso l'alto e verso il basso significa "sì", mentre il movimento laterale indica "no". Questi sono segnali comuni facilmente comprensibili fin dall'infanzia.

Non tutti i linguaggi del corpo sono altrettanto intuitivi, e questo capitolo mira a fornire una migliore comprensione. Approfondiamo ora l'osservazione del linguaggio del corpo legato ai segnali provenienti dal collo di una persona. Il toccare costantemente il collo può indicare stress, imbarazzo o preoccupazione. Se qualcuno si strofina il collo, potrebbe essere imbarazzato, arrabbiato o frustrato, cercando di calmarsi con una delicata pressione, come in un massaggio al collo, pratica nota per alleviare lo stress. È utile ricordare questa tattica quando si legge il linguaggio del corpo, anche se può essere facilmente dimenticata.

Va notato che il gesto di toccarsi il collo potrebbe anche essere una risposta al dolore o al prurito. La pressione, anche leggera, può alleviare lo stress o la tensione, consentendo alla persona di liberarsi di fastidi fisici. Il contesto, come la conversazione in corso, è cruciale per interpretare correttamente il linguaggio del corpo.

Se una persona protegge il collo con la testa o le mani, potrebbe indicare una sensazione di minaccia. Il collo è una parte vulnerabile del corpo, e proteggerlo suggerisce il desiderio di salvaguardare la propria vita da possibili danni.

Esploriamo i significati del linguaggio del corpo che emergono dalle spalle di una persona. Quando le spalle sono tenute alte, ciò può indicare paura o eccitazione. L'incorvare delle spalle o l'incrociare le braccia sul petto potrebbe segnalare che la persona avverte il freddo e sta cercando di scaldarsi in qualche modo.

Se una persona stringe le spalle in avanti, potrebbe essere in modalità difensiva o sentirsi spaventata. Questo gesto potrebbe anche indicare un tentativo di nascondersi da qualcosa che la atterrisce. D'altra parte, se spinge le spalle all'indietro, potrebbe manifestare una predisposizione a uno scontro imminente, convinta di poterlo affrontare con successo. Questo atteggiamento potrebbe anche denotare un elevato senso di sicurezza e fiducia nelle proprie capacità, indipendentemente dalla sfida che si prospetta.

Il movimento circolare delle spalle potrebbe essere indicativo di un indolenzimento nella parte superiore del corpo o di un tentativo di rilassarsi dopo un periodo di nervosismo. Questo gesto può contribuire al rilassamento delle spalle e dei muscoli, particolarmente efficace se la persona ha trattenuto tensione in precedenza. Può essere interpretato come un segno di superamento di un momento difficile, con l'intenzione di tornare alla normalità.

Considera un gesto apparentemente semplice come lo scrollare delle spalle; potrebbe indicare l'incapacità di rispondere a una domanda o la mancanza di interesse nei confronti della risposta. Lo scrollare parziale o di una sola spalla potrebbe rivelare insicurezza o scarso impegno, indipendentemente dall'argomento in discussione. In alcuni casi, potrebbe essere un tentativo di evasione o inganno nella conversazione, potenzialmente interpretato come un segnale di menzogna. Anche uno scrollare eccessivo delle spalle quando non si parla potrebbe essere indice di falsità. In generale, potrebbe rappresentare il desiderio di comunicare senza rischiare di inciampare nelle proprie bugie, evitando di dover ricordare dettagli intricati.

Quando una persona rilassa tutto il corpo, spesso le spalle sono le prime a rilassarsi. Il rilassamento delle spalle rende difficile la tensione in altre parti del corpo. Pertanto, se osservi qualcuno con spalle molto rilassate, potrebbe essere una persona libera dallo stress e in pace con se stessa.

Testa, collo e spalle sono indicatori significativi del linguaggio del corpo, fornendo preziose informazioni sullo stato emotivo di una persona. Ora, armato di queste conoscenze, sei in grado di decifrare questi segnali nella tua vita di tutti i giorni.

CAPITOLO 12: MANI, INCLUSI PALMI DITA E POLLICI

Raramente dedichiamo sufficiente attenzione alle mani durante una conversazione. Ti sei mai reso conto di quanto puoi comprendere di una persona solo osservando la sua stretta di mano? Il motivo risiede nel linguaggio del corpo trasmesso dalle mani. In questo capitolo, esploreremo le mani, analizzando la famosa teoria della stretta di mano e concentrandoci sulle parti più minute, come i palmi, le dita e i pollici.

Abbiamo menzionato brevemente le mani in passato, durante la trattazione del linguaggio del corpo nel suo complesso. Abbiamo evidenziato come il toccare una specifica parte del corpo con le mani possa veicolare significati, ma ora approfondiremo ulteriormente il ruolo ampio delle mani nel linguaggio del corpo. Le mani, complesse nella loro anatomia con numerose ossa, sono in grado di compiere azioni e movimenti strettamente connessi alle nostre emozioni.

Iniziamo con il significato attribuito al modo in cui una

persona tiene gli oggetti. Se una persona tiene delicatamente un contenitore o una tazza, potrebbe indicare che attribuisce un valore speciale o fragile a quell'oggetto. Potrebbe anche suggerire l'intenzione di regalarlo a qualcuno. D'altro canto, una presa vigorosa potrebbe indicare l'opposto, suggerendo un desiderio di trattenere l'oggetto per sé o esprimere nervosismo nel timore di farlo cadere.

Come dimostrato nello studio di Hanneke K.M. Meeren del 2005, le mani svolgono un ruolo significativo nel veicolare messaggi nascosti agli altri individui. Ad esempio, la presa di un oggetto può rivelare sentimenti più profondi, mentre braccia incrociate in posizione difensiva indicano auto-protezione, mentre braccia aperte suggeriscono un atteggiamento aperto e accogliente.

La tensione con cui una persona tiene gli oggetti o la postura delle mani può fornire indizi sul suo stato emotivo, sottolineando stress o tristezza. Il grado di stretta delle mani può riflettere direttamente il livello di nervosismo e malumore di una persona. La tendenza delle persone a sfregarsi le mani è un comune tentativo di allontanare lo stress.

La posizione delle mani di una persona può comunicare messaggi potenti. Se una persona tiene delicatamente le mani dietro la schiena, sta permettendo al corpo di aprirsi e assume una postura corretta, rivelando fiducia e sicurezza nelle proprie capacità e nell'approccio a qualsiasi compito.

D'altra parte, se una persona tiene le mani giunte davanti al corpo, può indicare l'opposto. Questa postura spesso comporta la chiusura delle spalle e del petto, manifestando un senso di insicurezza, soprattutto se la persona non mantiene la testa alta.

Può essere interpretato come un segnale di sottomissione, timidezza o disagio, poiché cerca di proteggersi da potenziali minacce chiudendosi.

Ricorda sempre che le persone che mentono cercheranno di mantenere immobili le proprie mani nel tentativo di esercitare controllo sul linguaggio del corpo. Tuttavia, attraverso il loro sforzo, sarai tendenzialmente in grado di individuare se stanno cercando di trattenersi e quindi di mentire.

A volte, puoi percepire il nervosismo di una persona osservando il continuo movimento delle sue mani. Chi fa ticchettare una penna o tamburella le dita sul tavolo sta probabilmente esprimendo ansia o stress legati a ciò che sta per accadere. In queste situazioni, offrire il tuo supporto può essere un gesto empatico.

D'altra parte, alcuni individui, sebbene nervosi, cercano di trattenere freneticamente le mani, adottando un atteggiamento simile a quello di chi mente. Un gesto correlato è il torcersi le mani, ben noto tra le persone ansiose.

Le persone spesso esprimono la loro felicità parlando con le mani. Se una persona muove energicamente le mani durante una conversazione, sorride e ha occhi luminosi, è probabile che sia felice ed eccitata riguardo all'argomento trattato.

Naturalmente, non tutti utilizzano gesti con le mani come espressione di nervosismo, felicità o eccitazione. Alcuni potrebbero farlo semplicemente perché è parte della loro natura. Potrebbero essere intrinsecamente energetici, o magari utilizzano regolarmente la lingua dei segni per comunicare con persone sorde. Altri potrebbero aver acquisito questo comportamento come particolarità, forse appreso da un familiare o da un adulto che si comportava in modo simile durante la loro infanzia. Come per ogni aspetto del linguaggio del corpo, parlare con le mani può trasmettere una varietà di significati, richiedendo sempre la giusta interpretazione contestuale.

Il toccare altre parti del corpo con le mani può anch'esso avere significati specifici, come discusso in precedenza in relazione al toccare il collo. Ad esempio, se una donna si tocca ripetutamente l'interno del polso in modo visibile, potrebbe essere un segno di flirt, un tentativo di mostrare vulnerabilità. Toccando questa parte del corpo, sta cercando di attirare l'attenzione sul fatto che, mostrandosi vulnerabile, desidera instaurare una connessione più intima con quella persona.

Occasionalmente, toccare una parte del corpo può essere un gesto inconscio causato da un disagio nella zona interessata. Ad esempio, strofinarsi gli occhi può indicare la presenza di qualcosa, come sporco o una ciglia, che causa prurito. Potrebbe anche essere sintomo di stanchezza. Se qualcuno si tocca o strofina le tempie, potrebbe indicare un mal di testa o un crescente irritamento legato alla conversazione in corso. Quando seduti, strofinare o passarsi una mano sul ginocchio potrebbe indicare dolore o essere un'abitudine nervosa che riflette il disagio nell'ambiente attuale, con la compagnia, l'argomento di conversazione o la situazione generale.

Il significato intrinseco di utilizzare una mano per toccare una parte del corpo varia in base alle personalità e alle caratteristiche delle persone. Tuttavia, dietro a questo gesto, si cela sempre un qualche significato. Se si è sufficientemente familiari con una persona e con i suoi tic personali, si dovrebbe essere in grado di decifrare esattamente cosa questo linguaggio del corpo rappresenti per quella persona e, di conseguenza, determinare il modo in cui procedere.

Ora, approfondiamo l'analisi dei palmi delle mani e il ruolo cruciale che essi giocano nel linguaggio del corpo. A prima vista, i palmi potrebbero sembrare parti del corpo trascurabili, prive di un grande significato, ma tale percezione è del tutto fuorviante.

Cominciamo esaminando il gesto di tenere le mani in fuori con i palmi rivolti verso l'alto. Questo atteggiamento indica che la persona è propensa alla cooperazione. In accordo con Meeren (2005), è interessante notare che persino scimmie come gli scimpanzé utilizzano questo gesto quando necessitano di supporto. Tale posizione comunica a chi è intorno che la persona è pacifica e si considera uguale agli altri. Manifesta la richiesta di aiuto in un modo tranquillo e pacifico.

Contrariamente, rivolgere i palmi verso il basso potrebbe implicare l'opposto. Questo gesto potrebbe denotare il desiderio di controllare la conversazione o di ottenere silenzio dagli altri. Può anche essere un modo per impedire alle persone di interrompere mentre si sta cercando di esprimersi. Spesso, rappresenta un invito a fermarsi o ad attendere.

Successivamente, esploriamo il linguaggio del corpo che emerge attraverso le dita. Il modo più comune in cui le dita vengono impiegate nel linguaggio del corpo è per indicare. Il significato dell'indicazione è universalmente compreso e spesso conserva la stessa connotazione nelle diverse culture. Puntare il dito può essere utilizzato per mostrare la posizione di qualcosa o per chiamare qualcun altro. Tuttavia, è fondamentale essere consapevoli del fatto che puntare il dito direttamente verso qualcuno può essere considerato un gesto maleducato, pertanto è essenziale fare attenzione a dove ci si focalizza e con quale intensità si esegue il gesto.

La posizione delle dita, quando unite tra loro, è un eloquente indicatore dell'atteggiamento di una persona e del suo grado di attenzione. Un esempio emblematico di questo concetto è rappresentato dal gesto conosciuto come il "campanile". In questo gesto, la punta delle dita di una mano preme leggermente contro quelle dell'altra, simulando la struttura di un campanile di chiesa. Spesso, questo gesto comprende il movimento avanti e indietro dei palmi, creando l'immagine di un ragno che esegue flessioni davanti allo specchio. Se eseguito con le dita rivolte verso l'alto, questo gesto di solito denota un'elevata sicurezza in sé stessi. Tuttavia, può anche trasmettere eccessiva sicurezza, compiacimento, o la sensazione di considerarsi superiore alla persona con cui si sta conversando. In questo caso, l'immagine richiama la preghiera, tentando di proiettare una sorta di facciata divina, ed è definita come "il campanile rialzato".

D'altra parte, il gesto del "campanile rovesciato" assume significati differenti. Pur mantenendo un certo livello di importanza, le punte delle dita, unite come un campanile, puntano verso il basso. Ciò indica che la persona sta prestando attenzione a ciò che il compagno di conversazione sta dicendo. Questo gesto fa apparire chi lo utilizza più interessato e pronto a reagire. Sebbene uomini e donne possano adoperare il "campanile rovesciato", è più comune osservarlo tra le donne.

Il "campanile rialzato" e il "campanile rovesciato" rappresentano perfetti esempi del motivo per cui è essenziale prestare attenzione a ogni dettaglio del linguaggio del corpo per condurre una lettura accurata. Non si desidera accusare qualcuno di presunzione solo perché sta utilizzando la punta delle dita unite a campanile, quando in realtà le mani sono nella posizione del "campanile rovesciato". Persino il più lieve cambiamento di posizione potrebbe alterare l'intero significato del linguaggio del corpo di una persona.

I pollici possono essere impiegati in modo analogo al resto delle dita. La posizione del pollice di una persona è un indicatore, specialmente del suo livello di sicurezza. In generale, le persone utilizzano i pollici come segnali forti di grande sicurezza in sé stesse. Ad esempio, mettere le mani nelle tasche facendo sporgere solo i pollici, soprattutto tra individui di status elevato, denota un alto livello di sicurezza. Alzare il pollice indica che una persona è molto sicura di sé, che si sta svolgendo un buon lavoro, o che sta vivendo un'esperienza positiva. Al contrario, il pollice in giù spesso suggerisce che le cose non stanno andando bene.

Alcune posizioni dei pollici indicano un basso livello di autostima. Ad esempio, infilare solo il pollice nelle tasche con le altre dita penzolanti fuori, la versione opposta del lasciare i pollici fuori dalle tasche, può indicare una scarsa sicurezza o un disagio personale.

Come evidenziato, i gesti comunicano molto più di quanto si intenda dire a livello conscio. Pertanto, è estremamente importante prestare attenzione al proprio atteggiamento e alle proprie maniere, fornendo l'opportunità di comunicare esattamente ciò che si desidera, evitando di trasmettere segnali ambigui.

CAPITOLO 13: BRACCIA E CONTATTO

Il contatto rappresenta una delle forme di comunicazione più controverse. Mentre per alcune persone può costituire una potente modalità per esprimere sentimenti ed emozioni profonde, per altre potrebbe risultare scomodo e addirittura malvisto nella propria cultura. Pertanto, è essenziale esaminare più attentamente come il tocco e l'uso delle braccia possano essere impiegati in maniera efficace nella comunicazione.

Iniziamo analizzando il linguaggio del corpo che emana dalle braccia. Quando una persona apre le braccia, potrebbe indicare un atteggiamento amichevole. Questo gesto potrebbe tradursi in un desiderio di abbracciare o esprimere gioia nel vederti. Tuttavia, è cruciale distinguere se questo aprire le braccia è un segno positivo o se, al contrario, la persona ha un atteggiamento conflittuale nei tuoi confronti. Tale discernimento richiede l'osservazione attenta degli altri segnali provenienti da diverse parti del corpo.

Le braccia possono anche essere strumenti per creare forme specifiche, rivelando dettagli di una conversazione altrimenti inesplorabili. Possono essere utilizzate per mostrare la grandezza di qualcosa o per mimare un'azione particolare. Le braccia, inoltre, contribuiscono a esprimere dettagli che le parole da sole non possono comunicare appieno. Diventano un elemento cruciale del linguaggio del corpo, capace di trasmettere efficacemente il messaggio o, al contrario, di affievolirlo.

La gestione adeguata delle braccia è una delle competenze più rilevanti da apprendere nella comunicazione non verbale, poiché può essere un indicatore di sincerità. In genere, le persone si fidano di chi utilizza le mani durante la conversazione, poiché dimostrano un coinvolgimento autentico nel discorso. Al contrario, chi evita di usare le mani sembra meccanico e poco sincero, trasmettendo un'immagine fredda e distante. Tale atteggiamento può far apparire la persona poco interessata o sinceramente coinvolta nella conversazione.

Le braccia possono anche essere utilizzate per gesti come salutare o segnalare un pericolo. Alzare una mano potrebbe indicare la presenza di una domanda, mentre sollevare entrambe le mani rapidamente potrebbe esprimere frustrazione o confusione.

Inoltre, le braccia possono assumere un ruolo minaccioso. Possono essere utilizzate per attaccare, come in simulazioni di lotta, mostrando forza e abilità difensive. Possono anche proteggerti da eventuali aggressioni o ferite. Incrociare le braccia sul petto spesso suggerisce un disagio o timore, creando una sorta di barriera protettiva.

Se, invece, ti stringi le braccia davanti al corpo, potrebbe indicare un desiderio di chiuderti nei confronti della persona accanto, cercando di evitare conflitti. La chiave per interpretare correttamente questo gesto risiede nella velocità con cui viene eseguito e nelle altre sfumature del linguaggio del corpo che lo accompagnano.

Ora, se decidi di nascondere le braccia dietro al corpo, potrebbe indicare che ti senti a tuo agio e che hai fiducia nella persona che ti sta accanto. Questo segnala che non hai bisogno di proteggerti con le braccia, ma che al contrario, ti senti sereno nella situazione attuale. Tuttavia, c'è il rischio di fraintendere questo gesto, interpretandolo come un tentativo di nascondere qualcosa, motivo per cui è fondamentale mantenere sempre le mani ben visibili davanti a te.

Aggiungo un ulteriore punto riguardo alle braccia. Nel corso del tempo, gesti come avere le mani aperte, i palmi rivolti verso l'alto e altri segni di "apertura" con mani e braccia sono diventati simboli di un atteggiamento amichevole. Un esempio paradigmatico è il saluto militare adottato da diverse forze armate nel mondo. Le mani aperte davanti all'avversario, con i palmi rivolti verso il basso o verso l'alto, rappresentano una chiara dimostrazione di cordialità.

Durante il Medioevo, i cavalieri utilizzavano un gesto simile durante le parate, sollevando il visore degli elmi con la mano aperta per indicare al loro avversario che non c'era pericolo, instaurando così un contatto visivo amichevole. Oggi, qualsiasi gesto a palmi aperti suggerisce amichevolezza e mancanza di aggressività. Pertanto, prestando attenzione a questo tipo di atteggiamento è sicuramente gratificante nelle interazioni sociali. Le mani che si aprono verso l'alto indicano un ambiente

amichevole, mentre la presenza di un pugno può essere interpretata come segnale di aggressività e difesa.

Nel contesto del contatto fisico, è fondamentale considerare la situazione circostante. Ad esempio, abbracciare qualcuno in un momento di tristezza ha senso, mentre un contatto ingiustificato può risultare imbarazzante e indesiderato. La regola della "lunghezza del braccio" è una guida sicura da seguire. Inoltre, è opportuno notare che un contatto amichevole, come una pacca sulla spalla o un tocco leggero sul gomito, può contribuire a creare un'interazione più familiare, ma va modulato in base al livello di confidenza tra le parti coinvolte. Pertanto, è consigliabile limitare il contatto fisico alle strette di mano con persone con cui non si ha intimità e gradualmente intensificarlo in base all'evolversi dell'interazione. È sempre prudente evitare il contatto fisico quando non si è certi se possa essere considerato inappropriato.

CAPITOLO 14: BUSTO, TORSO E PANCIA

Il petto, il torso e la pancia costituiscono la parte centrale del nostro corpo, apparentemente statica ma ricca di significati nel linguaggio del corpo. In questo capitolo, esamineremo più da vicino questa regione, scoprendo le sfumature espressive che essa può trasmettere.

Quando una persona spinge il petto in avanti, spesso indica un'attrazione nei tuoi confronti. Mentre le donne possono farlo per mettere in mostra il seno, gli uomini lo utilizzano per evidenziare la propria forza. Se non è un segnale di attrazione, potrebbe indicare il desiderio di esercitare dominio su di te o semplicemente esprimere sicurezza nelle proprie capacità. Tuttavia, è fondamentale interpretare questo gesto considerando anche altri segnali del corpo e il contesto circostante, poiché potrebbe trasmettere una sfida o una minaccia.

Al contrario, quando una persona spinge il petto verso l'interno, denota sentimenti di paura e vulnerabilità. Questo gesto può manifestarsi quando si percepisce una minaccia o si è attaccati da qualcuno, contribuendo a rafforzare quanto discusso precedentemente riguardo all'incurvare in avanti delle spalle. Spesso, le persone combinano due atteggiamenti del linguaggio del corpo contemporaneamente.

Il petto svolge un ruolo cruciale quando ci si sporge in avanti. Le persone si avvicinano agli altri sporgendosi in avanti quando sono attratte, interessate a ciò che viene detto o desiderano avvicinarsi all'interlocutore. Questo gesto può anche indicare il desiderio di esercitare potere su qualcuno o di manifestare dominio, richiedendo la capacità di discernere tra le due intenzioni attraverso altri segnali del linguaggio del corpo.

Abbiamo precedentemente trattato il respiro, ma il movimento del petto può amplificarne il significato. Osservare come si muove il petto consente di comprendere il modo in cui una persona sta respirando.

Successivamente, esamineremo il ruolo del torso nel linguaggio del corpo. Ad esempio, un segnale rilevante si verifica quando una persona si tocca lo stomaco. Questo gesto potrebbe manifestarsi se qualcuno non si sente bene dopo aver mangiato troppo, è stressato o preoccupato.

La persona che ritrae lo stomaco potrebbe desiderare sembrare più snella e attraente, mentre chi spinge in fuori lo stomaco può sentirsi molto sicuro di sé o desiderare uno spazio più ampio. È importante distinguere tra questi atteggiamenti attraverso altri segnali del linguaggio del corpo che la persona manifesta.

In conclusione, sebbene petto, torso e pancia possano

sembrare immobili, giocano un ruolo significativo nel linguaggio del corpo. Con queste informazioni, dovresti essere in grado di decifrare ciò che una persona sta cercando di comunicare attraverso i movimenti di questa sezione centrale del corpo.

CAPITOLO 15: LA POSTURA E IL SUO RUOLO NEL LINGUAGGIO DEL CORPO

In questo capitolo, esploreremo il ruolo che il movimento interno del corpo svolge nella comunicazione. Finora, ci siamo concentrati sulle singole parti del corpo, come le braccia, ma è altrettanto essenziale affrontare come l'intero organismo possa trasmettere messaggi agli altri.

Cominciamo analizzando il linguaggio delle gambe. Le gambe, impiegate in molteplici modi durante il giorno, comunicano efficacemente il nostro stato emotivo quando siamo in piedi. Se una persona tiene i piedi distanti, manifesta un senso di comfort e sicurezza nella situazione, rivelando fiducia nelle proprie abilità. Gambe più aperte della larghezza delle spalle possono indicare il desiderio di ottenere una posizione di potere nel gruppo, mentre gambe chiuse potrebbero riflettere preoccupazione o il timore di trovarsi in una situazione pericolosa. Se una persona sta in piedi con le gambe aperte, esponendo i genitali, potrebbe essere un segnale di attrazione; se, invece, tiene i piedi distanti, uno davanti all'altro, potrebbe indicare una sensazione di insicurezza, preparazione all'attacco o il desiderio di essere seguita.

Proseguiamo esaminando il linguaggio delle natiche. Spingere il sedere in avanti può suggerire attrazione, ma in alcune circostanze, questo gesto potrebbe essere interpretato come un insulto. È fondamentale distinguere tra questi atteggiamenti considerando gli altri segnali del linguaggio del corpo che la persona sta trasmettendo.

Se una persona muove il fondoschiena, potrebbe cercare di catturare la tua attenzione. Questo gesto, spesso interpretato come un modo per attrarre gli altri, di solito non è offensivo ed è comunemente utilizzato nei contesti di danza per attirare persone del sesso opposto.

L'esempio precedente illustra come la danza sia un metodo di comunicazione non verbale incaricato di trasmettere messaggi specifici. In molte culture del mondo, la danza è parte integrante dei rituali di accoppiamento, con vari stili utilizzati come segnali di disponibilità, dalle danze vivaci nelle tribù americane ai balli eleganti nelle corti. In entrambi i casi, la danza si rivela un mezzo di comunicazione istintivo e primordiale.

Un aspetto ulteriore da considerare è la postura, sia quando si è in piedi che seduti. Ad esempio, se siedi con le mani sulle ginocchia, la schiena dritta e i piedi piatti a terra, manifesti attenzione e interesse nella conversazione. Tuttavia, inclinandoti in avanti e dando l'impressione di volerti alzare, potresti sembrare disinteressato alla conversazione, suggerendo un desiderio di andartene al più presto.

Se ti siedi con la schiena piegata in avanti al punto che i gomiti toccano le ginocchia e le mani sorreggono la testa, potrebbe indicare il desiderio di essere lasciato solo, magari a causa di stress o rabbia.

Se siedi con la schiena girata al punto che i gomiti poggiano sulle ginocchia e le mani si posano delicatamente davanti a te, potrebbe riflettere una mancanza di sicurezza in te stesso, come se stessi accettando passivamente il destino senza sentirti in grado di influenzarlo.

Proseguiamo esaminando le posizioni erette. Se ti trovi con le braccia dietro la schiena e un braccio afferra l'altro, è probabile che tu sia arrabbiato. Questo gesto potrebbe rappresentare un riflesso primitivo per impedirti di fare del male o di colpire l'altra persona. Se mantieni le braccia incrociate davanti al petto mentre stai in piedi, è possibile che ti senta minacciato o semplicemente a disagio nella situazione corrente. Se rilassi il corpo, lasciando le braccia pendere e assumi una postura tutto fuorché eretta, potrebbe indicare una profonda stanchezza o frustrazione per una giornata poco soddisfacente. Quando stai in piedi con le braccia lungo i fianchi e le mani strette a pugno, potrebbe denotare un elevato livello di stress o ansia riguardo a qualcosa imminente. D'altra parte, se mantieni le mani rilassate davanti al corpo, dimostra che hai il completo controllo del tuo corpo e ti senti a tuo agio nella situazione presente.

La postura assume un significato particolare quando stai in piedi con le braccia piegate ad angolo e il pugno piantato sul fianco. Questa posizione suggerisce che sei pronto per affrontare ciò che sta per accadere, esprimendo sicurezza nelle tue abilità o semplicemente la tua disponibilità ad esplorare nuove esperienze. D'altra parte, se stai in piedi con le braccia lungo i fianchi e le mani e le dita appoggiate in modo rilassato sulle gambe, trasmetti un'aura di amichevolezza e prontezza a lasciarti andare. Questo atteggiamento indica che sei privo di stress, anzi, sei aperto a ciò che l'ambiente ha da offrire. Inoltre, suggerisce che sei una persona piacevole con cui dialogare. La tua postura non solo invita ma offre conforto, incoraggiando le persone a essere accanto a te.

Le molteplici modalità di stare in piedi o seduti con i tuoi amici offrono diverse sfaccettature della tua personalità. Le posture forniscono agli altri un'istantanea del tuo stato d'animo e, allo stesso tempo, ti consentono di interpretare le emozioni degli altri in base alle loro espressioni corporee. Comprendendo queste "danze" non verbali, sarai in grado di decifrare le persone semplicemente osservando la loro postura, sia che siano in piedi o sedute.

CAPITOLO 16: RISPECCHIAMENTO, MICRO-ESPRESSIONI E ALTEZZA

Iniziamo esaminando il concetto di rispecchiamento, un fenomeno nel linguaggio del corpo che le persone utilizzano per instaurare connessioni e conoscersi a vicenda. Il rispecchiamento, un comportamento istintivo e non intenzionale, si manifesta quando, durante una conversazione, si tende a imitare le azioni dell'interlocutore. Ad esempio, se noti qualcuno sbadigliare, potresti ritrovarti a fare lo stesso. Questo fenomeno, chiamato rispecchiamento, è alla base della contagiosità dello sbadiglio. Tuttavia, a differenza di un raffreddore comune, non si tratta di qualcosa che le persone possono trasmettersi volontariamente. Sorridere è un altro esempio comune di rispecchiamento.

Beatrice de Gelder, nel suo articolo del 2003 dal titolo "Sulla Neurobiologia del Linguaggio Emotivo del Corpo", ha indicato come una specifica area del cervello sia coinvolta sia nella creazione che nel riconoscimento delle espressioni facciali. Ciò significa che le persone tendono a imitare istintivamente le espressioni facciali delle persone intorno a loro. Questa capacità è cruciale per interpretare il linguaggio del corpo, poiché aiuta a distinguere se le emozioni mostrate sono autentiche o semplicemente riflesse da chi ci circonda. Il primo a esprimere un'emozione è di solito quello che la sta effettivamente provando, mentre gli altri che lo imitano potrebbero non condividerne lo stato emotivo reale.

Il rispecchiamento è una teoria scientifica che va oltre il livello individuale. Questo fenomeno ci consente di connetterci agli altri e di sentirci simili a loro. È un aspetto del linguaggio del corpo che sfugge al nostro controllo e che generalmente non possiamo manipolare. Chiunque abbia cercato di trattenere uno sbadiglio quando qualcun altro lo sta facendo può testimoniare la sua forza. Sebbene renda difficile nascondere le emozioni, è estremamente utile quando si interpreta il linguaggio del corpo altrui, poiché rivela spesso emozioni che le persone non riescono a celare.

Un aspetto interessante del rispecchiamento è la sua capacità di farci provare emozioni diverse da quelle iniziali. Ad esempio, se trascorri del tempo con persone costantemente sorridenti e inizi a imitarle, è probabile che tu provi un aumento di felicità. In modo simile, se interagisci con individui che sbadigliano frequentemente, potresti ritrovarti a sentirsi improvvisamente più stanco, anche se di solito riposi adeguatamente ogni notte.

Le micro-espressioni, parte integrante della comunicazione non verbale associata alle espressioni facciali e al linguaggio del corpo, rappresentano risposte involontarie spesso in contrasto con reazioni volontarie. Ad esempio, durante un appuntamento, una persona può cercare di sembrare amichevole e piacevole (risposta volontaria), ma esprimere nervosismo attraverso micro-espressioni, come una cattiva postura o il modo in cui tiene le braccia incrociate (risposta involontaria). In questo modo, il sorriso potrebbe suggerire apertura e familiarità, mentre le braccia e le gambe rivelano un qualcosa di totalmente diverso.

Infine, è essenziale prestare attenzione a segnali più sfumati provenienti dalla comunicazione non verbale. Anche se il tuo interlocutore potrebbe chiaramente cercare di apparire gentile, potrebbe nutrire sentimenti completamente diversi. Pertanto, è fondamentale osservare attentamente il tuo atteggiamento nei confronti delle persone che ti circondano.

Successivamente, esplorerò come l'altezza influisca sul linguaggio del corpo. Spesso, le persone di statura elevata sono percepite come più potenti, mentre quelle più basse potrebbero essere soggette a stereotipi e scherzi in alcune circostanze. Le persone di altezza maggiore solitamente manifestano un linguaggio del corpo più evidente, facilmente rilevabile da chi le circonda, risultando spesso più incisivo. Questo non implica che le persone di statura inferiore non possano sfruttare il proprio linguaggio del corpo a loro vantaggio; semplicemente, potrebbero dover lavorare un po' di più su questo aspetto.

Tuttavia, la parola chiave quando si discute di altezza è "postura". A cosa serve essere alti se si ha una pessima postura? Invece di emanare un'aura imponente, potresti apparire debole e sottomesso. Al contrario, una persona di statura più bassa con un'ottima postura, spalle aperte e testa alta, trasmetterebbe immediatamente un'immagine di relax e sicurezza. In questo caso, l'interlocutore percepirebbe subito la presenza di una persona rilassata e fiduciosa, che trasmetterebbe molto più sicurezza rispetto a una persona più alta.

In conclusione, comprendere i segnali più delicati provenienti dalle risposte involontarie, come le micro-espressioni, ti conferirà il vantaggio necessario per interpretare istantaneamente le persone, nonostante i loro sforzi evidenti nel cercare di influenzare la tua percezione dei loro stati emotivi.

CAPITOLO 17: IL LINGUAGGIO DEL CORPO ED IL MENTIRE

Capire se qualcuno sta dicendo la verità o sta mentendo può essere una sfida, ma fortunatamente ci sono sempre metodi che ci aiutano a rispondere a questo interrogativo. In questo contesto, il linguaggio del corpo emerge come uno strumento eccellente, spesso impiegato da professionisti nelle prigioni e nei sistemi giudiziari per discernere l'innocenza o la colpevolezza dei criminali. In questo capitolo, esploreremo come osservare attentamente le persone mentre parlano può rivelare se stanno mentendo o dicendo la verità.

Inizieremo analizzando il significato di gesti come tirarsi l'orecchio. Tipicamente, quando una persona sta mentendo, potrebbe toccarsi o tirarsi l'orecchio. Questo gesto è finalizzato a garantire un deflusso di sangue dalle orecchie e a controllarne la pressione, influenzati entrambi dal sistema nervoso in situazioni di ansia. Il grattarsi il collo o tirare fuori il colletto del vestito sono altri segnali di tensione nervosa spesso associati a menzogne. Se una persona compie tali gesti durante una conversazione, c'è la possibilità che stia nascondendo la verità.

Se durante la conversazione una persona si tocca gli occhi o li strofina, potrebbe essere un segnale inconscio del desiderio di coprirsi, evitando lo sguardo. Questo gesto potrebbe derivare da un senso di imbarazzo causato dalla menzogna. Anche coprire la bocca con la mano è un comportamento che potrebbe indicare una bugia, riconducibile a un istinto primario di nascondere la verità sin dall'infanzia.

Anche il toccarsi il naso potrebbe essere un indicatore di menzogna, poiché questo gesto può fungere da conforto per molte persone, manifestandosi attraverso il grattarsi o il toccarlo leggermente. Analizzando la postura del corpo, è possibile identificare segnali di menzogna, come la postura chiusa, caratterizzata dal ritrarre il mento e chiudere le braccia contro il corpo. Anche la posizione delle gambe incrociate e il girare il corpo in un'altra direzione indicano un tentativo di rendere il corpo meno intimidatorio, contribuendo a rendere la menzogna più credibile.

Anche il movimento degli occhi può rivelare se il tuo interlocutore è sincero o sta cercando di ingannarti. Se noti che una persona evita il contatto visivo, potrebbe essere un segnale evidente che sta mentendo. Al contrario, un eccessivo contatto visivo potrebbe indicare che la persona sta sforzandosi troppo per convincerti della sua sincerità. Se il contatto visivo sembra innaturale, potrebbe essere un segno che la persona non sta dicendo la verità mentre parla. Gli occhi che si muovono rapidamente avanti e indietro, osservando freneticamente la stanza, potrebbero rivelare nervosismo o un tentativo di nascondere la verità. Se una persona è consapevole del significato di questo comportamento, potrebbe cercare di modificarlo, finendo per fissare gli occhi troppo a lungo o in modo eccessivo. Ancora una volta, un uso innaturale degli occhi potrebbe indicare un tentativo di evitare la verità.

Inoltre, il modo in cui una persona guarda può fornire indizi preziosi. Quando le persone dicono la verità, di solito guardano in una direzione specifica, mentre quando mentono, spesso guardano nella direzione opposta. Questo comportamento è correlato all'emisfero dominante del cervello di ciascun individuo. Ad esempio, se una persona è destrorsa, guarderà a sinistra quando sta dicendo la verità; se è mancina, guarderà a destra. Sebbene questa tecnica non sia infallibile, può rappresentare un utile trucco per individuare eventuali tentativi di nascondere la verità.

Altri segnali del linguaggio del corpo che richiamano l'attenzione quando si tratta di bugie sono i segni di nervosismo. Se una persona è in piedi e si comporta in modo agitato, potrebbe essere un segno che sta mentendo. L'apparire sudato e la respirazione superficiale sono ulteriori indicatori che qualcosa potrebbe non essere sincero. Che questi segnali siano evidenti o meno, se una persona si comporta in modo strano durante la conversazione, è importante considerare che potrebbe non essere onesta. Dopo aver acquisito le informazioni di questo capitolo, dovresti essere in grado di riconoscere quando le persone intorno a te stanno mentendo. Ti sono stati forniti numerosi strumenti e, utilizzandoli in combinazione, sarai in grado di scoprire la verità.

Pertanto, è fondamentale monitorare attentamente tutti i

movimenti, anche i più sottili, del tuo interlocutore. Prestare attenzione può rivelarti molto più di quanto pensi, consentendoti di individuare numerosi segnali correlati al comportamento di una persona che potresti non aver considerato inizialmente.

CAPITOLO 18: SEGNALI – EMOTIVI, ATTRATTIVI, RELAZIONALI E DI POTERE

Ora che abbiamo esplorato diverse forme di linguaggio del corpo, focalizziamoci su specifici segnali che esso può trasmettere. Iniziamo analizzando i segnali emotivi, e il primo di essi è il pianto. Il pianto rappresenta un segnale emotivo estremamente evidente, come si può constatare dalla reazione delle persone quando qualcuno inizia a piangere. Spesso, il primo segno riconoscibile è l'espressione facciale che diventa triste o gli occhi che si riempiono di lacrime.

In generale, il pianto è considerato una manifestazione sincera delle emozioni, che siano di gioia o tristezza. Ad esempio, le "lacrime di gioia" sono una realtà, specialmente in situazioni molto emotive. Tuttavia, è fondamentale prestare attenzione quando le lacrime vengono utilizzate per manipolare gli altri, un comportamento che si osserva spesso nei bambini. È comune vedere un bambino usare le "lacrime di coccodrillo" come tentativo di ottenere ciò che desidera.

Pertanto, è essenziale restare vigili e valutare il contesto in cui una persona versa lacrime.

Successivamente, esaminiamo i segnali emotivi di una persona arrabbiata. Quando una persona è arrabbiata, le sopracciglia spesso si abbassano e talvolta formano una V. Gli occhi possono allargarsi, e la bocca può aprirsi. La persona potrebbe assumere una posizione che esprime predominanza o incrociare le braccia intorno al corpo.

Anche quando le persone si sentono stressate o ansiose, manifestano segnali emotivi. Spesso, muovono il corpo o le mani rapidamente in piccoli gesti noti come "smanie", che possono causare tremolii o il tamburellare di un piede. Anche il viso subisce influenze dai cambiamenti emotivi.

Se una persona è imbarazzata, esibirà segnali specifici, come arrossire, guardarsi spesso intorno e evitare il contatto visivo. Potrebbe anche ridere per alleviare la tensione.

I segnali di orgoglio variano da un piccolo sorriso a gettare la testa all'indietro, tenendo le mani sui fianchi in una posa spavalda.

Procediamo ora a esaminare i segni che una persona mostra quando è attratta da te. In questo caso, potrebbe cercare un contatto visivo più intenso rispetto a quanto farebbe normalmente. Potrebbe avvicinarsi di più di quanto farebbe in una conversazione ordinaria. Le donne potrebbero posizionare le mani sui fianchi e spingere il petto in fuori per apparire più femminili, mentre gli uomini potrebbero adottare una postura che li renda più forti. Possono lanciare occhiate maliziose, toccarti delicatamente, ridere maggiormente alle tue battute e sorridere alle tue parole.

Il linguaggio del corpo relazionale è mutevole, adattandosi alle persone intorno a te e agli interlocutori con cui ti relazioni. Conversando con la tua compagna o con altre figure significative, è possibile che mostri segnali di attrazione o di intimità. Con i membri della famiglia, il linguaggio del corpo sarà simile, escludendo, con speranza, dettagli romantici propri di una relazione. In un contesto lavorativo con colleghi, potresti scherzare, mantenendo comunque un atteggiamento professionale. Quando ti rivolgi a un potenziale cliente, è cruciale mostrare di essere all'altezza del loro settore. Con uno sconosciuto, è consigliabile adottare un tono amichevole, mentre con un nemico, desidererai comunicare disinteresse a trascorrere tempo insieme. Il linguaggio del corpo relazionale si adatta alle persone e alle situazioni, incorporando diverse tipologie di segnali a seconda del contesto.

In conclusione, esploreremo i segnali di potere correlati al linguaggio del corpo. Il linguaggio del corpo di potere comprende una serie di movimenti che coinvolgono e catturano l'attenzione durante la comunicazione. Questi gesti trasmettono sicurezza e determinazione nelle tue azioni, evidenziando la tua affidabilità e competenza nel tuo campo di esperienza. I tratti di sicurezza sono spesso associati a buoni leader e possono essere appresi e integrati attraverso la pratica costante e la consapevolezza di sé.

Un esempio tangibile di apprendimento di tratti di leadership si riscontra in ambito politico. I politici in carica, soprattutto in posizioni di alto grado governativo, curano attentamente la propria immagine attraverso l'expertise nel linguaggio del corpo. Oltre a gesti evidenti come sorrisi e contatto visivo, essi utilizzano gestualità forte, come alzare le braccia, pugni chiusi e posizioni assertive delle mani sui fianchi, per trasmettere un'immagine di forza. Queste azioni, apparentemente spontanee, sono il risultato di una preparazione attenta.

Va notato che i leader più autentici comunicano naturalmente queste emozioni, senza bisogno di preparatori. Questi leader sono in sintonia con tali gesti, risultando onesti e sinceri. Applicare queste tecniche può essere utile anche in contesti diversi, come discorsi pubblici o nella persuasione. Puoi pianificare gesti e espressioni facciali specifiche per rafforzare il tuo messaggio verbale e allineare in modo efficace il tuo discorso con i segnali non verbali.

CAPITOLO 19: COSA PUÒ APPORTARE IL LINGUAGGIO DEL CORPO ALLA TUA VITA QUOTIDIANA

Siamo consapevoli che il linguaggio del corpo può conferire notevoli benefici alla tua vita. Quando acquisisci la capacità di interpretare i movimenti del tuo corpo, puoi presentarti agli altri nel modo desiderato e comprendere i sentimenti delle persone intorno a te.

Una delle prime cose che la competenza nel leggere il linguaggio del corpo può aggiungere alla tua vita è la capacità di aiutare gli altri. Se noti che una persona è spesso triste o depressa, il suo linguaggio del corpo può fornirti informazioni preziose e consentirti di avvicinarti a lei. Nel caso in cui la persona non sia in grado di chiedere aiuto direttamente, potresti addirittura salvarle la vita, semplicemente per aver letto i suoi segnali emotivi. I segnali su cui concentrarti in situazioni simili possono includere pianto costante, mancanza di contatto visivo, una postura che suggerisce insicurezza, movimenti più lenti del normale o una partecipazione limitata alla conversazione. Potrebbe adottare una postura afflosciata in modo inconsueto o tenere la testa più bassa del solito. Se sei in grado di notare tali comportamenti e hai l'opportunità di avvicinarti per offrire supporto, potresti apportare un contributo significativo a chi sta attraversando difficoltà e potrebbe non aver mai ricevuto aiuto prima.

La depressione non è l'unica malattia mentale che potresti individuare attraverso la lettura del linguaggio del corpo. Molte forme di ansia, come l'ansia sociale, il Disturbo di Ansia Generalizzato (DAG) e gli attacchi di panico, si manifestano in modi simili. Ad esempio, se noti che qualcuno solitamente tranquillo si torce le mani, tamburella incessantemente il piede o è in costante movimento, potrebbe essere segno di ansia, indipendentemente dal contesto o dall'interazione in corso. Un amico che rimane immobile con le braccia incrociate e respira a fatica potrebbe indicare un attacco di panico imminente. Come nel caso della depressione, è possibile intervenire in situazioni di ansia e offrire supporto a chi ne ha bisogno.

Il linguaggio del corpo può anche conferirti la capacità di interfacciarti in modo attraente con gli altri, come illustrato nel capitolo precedente su come utilizzare il linguaggio del corpo per creare nuove amicizie o trovare partner romantici o persone significative nella tua vita.

Infine, il linguaggio del corpo può fungere da protezione, come accennato in precedenza. Può indicarti se qualcuno potrebbe diventare pericoloso o se non è d'accordo con ciò che stai dicendo. Se rilevi segni di rabbia, come un abbassamento del mento, sopracciglia aggrottate e una respirazione più profonda del normale, potrebbe essere il momento di cambiare argomento per distendere la situazione.

Il linguaggio del corpo si configura come un potente alleato anche nelle sfide della carriera. Possedere l'eloquenza non verbale di un leader può suscitare il seguito delle persone attorno a te e renderle più propense ad ascoltare ciò che hai da dire. Un linguaggio del corpo sicuro trasmette l'immagine di una persona di successo, un aspetto cruciale per conquistare l'opportunità professionale che hai sempre sognato. Per ottenere ciò, mantieni una postura eretta, stabilisci un contatto visivo frequente e sorridi regolarmente. Alza la testa, e gli altri ti percepiranno nel modo desiderato.

Il linguaggio del corpo può altresì diventare uno strumento efficace per comunicare disagio o disapprovazione senza ricorrere alle parole. Se qualcuno pronuncia qualcosa di offensivo e desideri manifestare il tuo dissenso senza esprimerlo verbalmente, puoi ridurre il contatto visivo e abbassare lo sguardo. Incrocia le braccia sul petto e inclina la testa. Smetti di sorridere. Questi segnali, sottili ma eloquenti, possono trasmettere il tuo stato d'animo.

Nella sfera professionale, puoi utilizzare il linguaggio del corpo per convincere i tuoi colleghi a partecipare a un'attività. Elimina le distrazioni, stabilisci un contatto visivo e adotta un linguaggio del corpo coinvolgente. Questo favorirà una maggiore adesione da parte degli altri e li motiverà a seguirti.

Quando desideri instaurare un rapporto professionale con qualcuno, un inizio di conversazione con una stretta di mano decisa può esprimere rispetto reciproco, contribuendo così a costruire una base solida per la collaborazione.

Se vuoi diffondere gioia e rendere felici coloro che ti circondano, nulla è più efficace di un sorriso sincero. Il tuo sorriso può contagiare positivamente gli altri, inducendoli a riflettere la tua allegria e creando un ambiente più positivo per tutti.

Il linguaggio del corpo può anche perfezionarsi attraverso un modo persuasivo di parlare e un'abilità accresciuta nell'essere ascoltati. Semplicemente parlare con le mani può catturare l'attenzione delle persone intorno a te, migliorando complessivamente la tua capacità di comunicare e rendendoti un oratore più convincente.

In definitiva, è evidente che la lettura del linguaggio del corpo può portare benefici significativi in molteplici aspetti della tua vita. Utilizza saggiamente i consigli di questo capitolo per arricchire la tua esperienza sotto molteplici prospettive.

CAPITOLO 20: COME UTILIZZARE IL LINGUAGGIO DEL CORPO A TUO PROPRIO VANTAGGIO

Ora che abbiamo esaminato attentamente tutti i dettagli e acquisito conoscenze approfondite su come interpretare il linguaggio del corpo, è giunto il momento di apprendere come sfruttare questa competenza a nostro vantaggio. Dopo tutto, probabilmente hai acquistato questo libro proprio con l'intenzione di apprendere tali abilità e hai continuato a leggerlo fino a questo punto.

Iniziamo analizzando come puoi utilizzare il linguaggio del corpo per creare nuove amicizie. Se frequenti spesso eventi sociali con la speranza di stringere nuove conoscenze, ma ciò non accade, comprendere il linguaggio del corpo che stai trasmettendo, così come essere in grado di interpretare quello delle persone che ti circondano, può rivelarsi incredibilmente utile.

La prima cosa da fare è apparire amichevole ed aperto alla conversazione. Sorridi e mantieni il contatto visivo con le persone intorno a te. Assicurati di assumere una postura aperta, con i piedi e le spalle distanti. Successivamente, osserva il linguaggio del corpo delle persone nelle vicinanze. Se qualcuno adotta una postura chiusa o mostra segni di disinteresse, potrebbe non essere un obiettivo adatto per una nuova amicizia. Cerca qualcuno che manifesti un linguaggio del corpo simile al tuo.

Un ulteriore suggerimento, una volta avviata una conversazione con una persona amichevole, è utilizzare le tue nuove capacità di rispecchiamento. Sorridi quando loro sorridono e rifletti il loro linguaggio del corpo per creare una connessione immediata. Questo approccio può facilitare la creazione di nuove amicizie in modo più semplice di quanto immaginato.

Passiamo ora a come puoi sfruttare il linguaggio del corpo per trovare un partner romantico. La ricerca di una relazione è simile a creare nuove amicizie. Usa gli stessi strumenti di linguaggio del corpo per apparire aperto e accogliente, ma aggiungi elementi romantici. Mantieni una postura eretta con il petto sporgente per mostrarti attraente. Puoi anche sfiorare delicatamente la persona durante la conversazione per indicare interesse. Ridere alle sue battute può aiutare a manifestare il tuo interesse.

Un giorno potresti aver bisogno di utilizzare il linguaggio del corpo per avere successo sul lavoro. In questo caso, un utile strumento è la "Postura di Potere". Cerca di apparire sicuro di te e degno di fiducia, utilizzando un linguaggio del corpo forte che dimostri di essere un leader competente meritevole di avanzare nella tua carriera. Abbiamo esaminato modi diversi per sfruttare il linguaggio del corpo a vantaggio nella vita, ma è altrettanto importante comprendere come può aiutarti a interpretare le intenzioni altrui osservando il loro linguaggio del corpo.

Iniziamo esplorando come la capacità di interpretare il linguaggio del corpo possa rivelarsi preziosa per individuare la menzogna. Spesso, osservando attentamente i sottili movimenti del corpo di una persona durante una conversazione, è possibile intuire se sta nascondendo la verità. Osserva se si tocca il naso, se agita nervosamente le dita o se evita il contatto visivo prolungato; questi potrebbero essere tutti segnali che la persona potrebbe non essere completamente sincera. Il linguaggio del corpo può rivelare la sua falsità, ad esempio evitando il contatto visivo per coprire la mendacia dei suoi discorsi.

Puoi sfruttare la conoscenza del linguaggio del corpo, sia per interpretarlo che per modificarlo, per gestire situazioni imbarazzanti o sgradevoli. Immagina di trovarti fuori con un amico e di essere avvicinato da uno sconosciuto mentre stai ordinando da bere. Se noti segnali di interesse oltre l'amicizia, puoi modificare il tuo linguaggio del corpo per far capire chiaramente che non sei interessato. Attraverso l'uso di gesti come incrociare le braccia sul petto e evitare il contatto fisico o visivo, puoi comunicare il tuo disinteresse. Questo può scoraggiare la persona indesiderata. Se necessario, puoi anche adottare gesti che suggeriscano una relazione romantica con il tuo amico, inducendo l'altra persona a ritirarsi.

Inoltre, il linguaggio del corpo può diventare un mezzo di difesa in situazioni potenzialmente pericolose. Se qualcuno manifesta rabbia, osservare il suo linguaggio del corpo può fornire indicazioni cruciali sulle sue intenzioni. Se tiene un braccio dietro la schiena, potrebbe indicare che sta cercando di trattenersi dal farti del male. Un petto sporgente potrebbe essere un segnale di intimidazione attraverso la forza. Questa consapevolezza ti consente di decifrare il linguaggio del corpo in situazioni difficili, consentendoti di proteggerti o prepararti al peggio.

Inoltre, il linguaggio del corpo può essere impiegato per proteggere gli altri da situazioni imbarazzanti o pericolose. In situazioni di disagio o di pericolo, parlare o muoversi può diventare estremamente difficile. Chi è in grado di interpretare il linguaggio del corpo potrebbe intervenire e salvare la vita di qualcun altro. Questo non è solo un concetto teorico, ma una realtà che chi ha sperimentato tali situazioni può comprendere appieno.

Durante il mio ultimo anno di università, decisi di trascorrere una serata in un pub molto frequentato vicino alla nostra facoltà con alcuni amici. L'obiettivo era semplicemente divertirci e rilassarci dopo gli esami invernali. Essendo un sabato sera, il locale era affollato, e ognuno di noi si dedicò alle proprie attività: chi ballava, chi beveva, chi chiacchierava e chi flirtava, anche se con esiti misti. Dopo qualche ora, decidemmo di riunirci tutti al bar. Fu a quel punto che notai l'assenza di una delle nostre amiche. Uno sguardo intorno rivelò che si trovava accanto al muro con un ragazzo che sembrava avercela con lei. Nonostante il suo sorriso e le risate, qualcosa mi insospettì.

Osservai attentamente e notai che la mia amica continuava ad incrociare le braccia sul petto, mostrando segni di tensione ogni volta che il ragazzo si avvicinava. Il suo sorriso, apparentemente aperto, non raggiungeva gli occhi, i quali sembravano vagare altrove mentre il ragazzo parlava. Basandomi sul suo linguaggio del corpo, risultava evidente che la situazione la metteva a disagio. Senza esitare, decisi di avvicinarmi per controllare se tutto fosse in ordine. Il ragazzo, al mio approccio, si dileguò rapidamente, lasciando un senso di sollievo sulla mia amica. Lei mi confidò che l'uomo l'aveva seguita per tutta la serata, con approcci inopportuni e senza darle un momento di pace. Inoltre, le aveva lasciato intendere di possedere un'arma, rendendola riluttante a rifiutarlo. Grazie alla mia capacità di leggere il linguaggio del corpo, ero riuscito a individuare il suo disagio e a salvarla da una potenziale situazione pericolosa.

In conclusione, la tua abilità nel comprendere i tuoi modi di fare e i tuoi comportamenti ti renderà in grado di comunicare in modo autentico, trasmettendo agli altri le giuste informazioni. In fondo, tutti i linguaggi, compreso quello del corpo, hanno lo scopo di veicolare un messaggio alle persone.

CAPITOLO 21: LE DIFFERENZE DEL LINGUAGGIO DEL CORPO NELLA ALTRE CULTURE

Quando interagisci con individui appartenenti a culture diverse dalla tua, è fondamentale prestare attenzione ai segnali del corpo, poiché possono avere significati variabili. Molti gesti del linguaggio del corpo possono presentare somiglianze interculturali, ma altri differiscono notevolmente.

Ad esempio, la stretta di mano e le sue sfumature possono variare significativamente a seconda delle regioni del mondo. Mentre nelle culture occidentali una stretta di mano ferma è considerata positiva, in alcuni paesi dell'Europa orientale può essere interpretata come maleducata o persino aggressiva. In tali contesti, il gesto di inchinarsi potrebbe essere più appropriato.

Anche i gesti delle mani assumono significati diversi in varie parti del mondo. Ad esempio, il gesto "pollice in su" comunemente interpretato come positivo in molte culture, è considerato offensivo in Grecia e in altri paesi del Medio Oriente. Alzare il mignolo in Giappone è estremamente maleducato, così come incrociare le dita o fare il segno "OK" in Brasile. Ogni cultura può avere gesti che, sebbene innocui in un contesto, risultano offensivi altrove. Ad esempio, fare il segno di mordersi il pollice nel Regno Unito equivale ad alzare il dito medio.

Anche il gesto comune del "vieni qui" con l'indice può variare notevolmente nelle interpretazioni. In alcuni paesi Asiatici o Mediorientali, può essere considerato offensivo, mentre in altri contesti è perfettamente accettato. Queste sfumature culturali diventano particolarmente cruciali quando si viaggia per il mondo.

Il contatto visivo assume significati diversi nelle varie parti del mondo. Mentre negli Stati Uniti è spesso interpretato come un segnale positivo di interesse, nel Medio Oriente è generalmente consentito solo tra persone dello stesso sesso. In alcune culture asiatiche e africane, il contatto visivo può essere percepito come minaccioso. Inoltre, in alcune regioni del mondo, è considerato segno di rispetto non guardare negli occhi coloro che si trovano a livelli sociali o economici superiori. Ad esempio, un bambino potrebbe evitare lo sguardo diretto a un anziano come segno di rispetto.

Acquisire consapevolezza di queste usanze è essenziale per evitare di offendere involontariamente e per agevolare la comunicazione interculturale.

Scuotere la testa da una parte all'altra, di solito, è interpretato come un "no", ma in alcune culture, come nell'Europa orientale, potrebbe indicare comprensione rispetto a quanto detto dall'altra persona. Quindi, la gestualità della testa può assumere significati differenti, sottolineando l'importanza di essere chiari con il proprio interlocutore per evitare possibili fraintendimenti.

Il contatto fisico rappresenta una forma di linguaggio del corpo che varia notevolmente tra le diverse culture globali. Ad esempio, nelle culture del Nord Europa e dell'Est, il contatto fisico è spesso limitato; mentre si potrebbe scambiare una stretta di mano, spesso non vi è alcun contatto fisico diretto e anche un leggero sfioramento potrebbe essere mal interpretato.

In altre culture, il contatto fisico è più comune e accettato. In paesi come la Spagna, ad esempio, il bacio sulla guancia è una pratica comune anche tra persone che si conoscono appena. Tale gesto favorisce l'interazione sociale e facilita la conoscenza reciproca. Tuttavia, è importante sottolineare che le norme di prossimità (prossemica) variano significativamente da cultura a cultura. Alcune culture europee e asiatiche preferiscono un'interazione ravvicinata, mentre altre valorizzano uno spazio personale più esteso. Pertanto, è cruciale essere consapevoli di queste differenze, soprattutto se la tua cultura attribuisce un'importanza particolare allo spazio personale.

Alcuni paesi hanno regole specifiche per quanto riguarda il contatto fisico. Ad esempio, in Thailandia, toccare la testa di una persona è considerato inappropriato e va rispettato come una norma culturale.

Un'altra area in cui il linguaggio del corpo può diventare una barriera culturale è la postura durante il sedersi. In Giappone, sedersi con le gambe incrociate potrebbe essere interpretato come mancanza di rispetto verso gli altri presenti, mentre in Medio Oriente mostrare le suole delle scarpe potrebbe essere considerato come un gesto di maleducazione.

Appare evidente come il linguaggio del corpo sia profondamente influenzato dalle differenze culturali. Quando entri in contatto con una cultura diversa, è fondamentale apprendere le aspettative del linguaggio del corpo specifiche di quella regione. Utilizzare le informazioni fornite in questo libro o cercare autonomamente dettagliate convenzioni culturali su Google può prevenire comportamenti che potrebbero risultare manchevoli di rispetto nei confronti delle persone locali.

Concedere rispetto alle norme del linguaggio del corpo di un'altra cultura è un comportamento che dovrebbe essere adottato da tutti. Anche se non ti trovi in un nuovo ambiente e incontri qualcuno proveniente da un paese diverso con radici culturali differenti, è essenziale fare del tuo meglio per rispettare le sue consuetudini. Nel caso in cui tu abbia conoscenze limitate sulla cultura dell'altra persona e sulle sue aspettative, puoi utilizzare la tecnica del rispecchiamento. Riflettendo il linguaggio del corpo della controparte, è probabile che riesca a sintonizzarti con le abitudini a cui il tuo interlocutore è abituato, anche senza conoscerle esplicitamente. Questo aspetto è cruciale e richiede consapevolezza da parte di tutti.

Tuttavia, è fondamentale ricordare che, durante il rispecchiamento, occorre evitare di rendere eccessivamente evidente l'intenzione di adottare questa pratica. Un approccio troppo palese potrebbe essere frainteso da alcune persone come un comportamento socialmente imbarazzante, mentre altre potrebbero interpretarlo come una presa in giro, suscitando addirittura offesa.

Nel corso dello studio del linguaggio del corpo delle persone circostanti, è essenziale non trascurare l'approfondimento della loro cultura. Questo approccio contribuirà a una comprensione più profonda e favorirà interazioni più significative con gli individui coinvolti.

CAPITOLO 22: LEGGERE IL LINGUAGGIO DEL CORPO DI UN BAMBINO

Abbiamo già appreso che il linguaggio del corpo può assumere significati diversi tra individui appartenenti a culture differenti, ma sei consapevole del fatto che leggere il linguaggio del corpo dei bambini può rappresentare un'esperienza unica? In questo capitolo, esploreremo le ragioni per cui il linguaggio del corpo dei bambini si differenzia, come interpretarlo e perché è fondamentale per genitori e tutori comprendere tali segnali.

Innanzitutto, è essenziale discutere le ragioni alla base della diversità nel leggere il linguaggio del corpo dei bambini. La prima ragione risiede nel loro giovane stato e nell'ancora limitato controllo sulle emozioni. Se un bambino è triste, piangerà; se è felice, sorriderà; se è arrabbiato, urlerà e farà smorfie; se è imbarazzato, arrossirà e nasconderà il viso. Alcuni bambini potrebbero persino esprimere esplicitamente le emozioni che stanno sperimentando. I bambini sono nuovi nel mondo e non hanno motivazioni per nascondere ciò che provano.

Di conseguenza, i bambini manifestano un linguaggio del corpo estremamente facile da interpretare. La loro inesperienza nel gestire le emozioni li porta a esprimere apertamente ciò che stanno vivendo. Nel leggere le emozioni di un bambino, si sta entrando direttamente in contatto con ciò che prova veramente.

Un altro aspetto rilevante nella lettura del linguaggio del corpo dei bambini è che, poiché non hanno ancora imparato a nascondere le emozioni, sono inconsapevoli dei segnali che trasmettono attraverso il corpo. A differenza degli adulti, non sono in grado di inviare segnali contrastanti rispetto a ciò che stanno provando.

Questa mancanza di consapevolezza rende più agevole individuare quando un bambino sta mentendo. Mentre un bambino può cercare di celare la verità con le parole, la sua incapacità di controllare il linguaggio del corpo spesso lascia trapelare indizi sulla sua menzogna o sulla volontà di omettere parti della verità.

Ad esempio, una mia cara amica ha una figlia di cinque anni che ama prendere furtivamente i biscotti al cioccolato prima di cena. La madre verifica sempre la scatola di biscotti poco prima del pasto per accertarsi che ne manchi qualcuno. Successivamente, interroga sua figlia sperando in una confessione spontanea. Nonostante la bimba cerchi di mentire, un segnale evidente svela la sua menzogna: un ampio sorriso stampato sul volto. Poiché ritiene di eludere la situazione con un'astuzia birichina, manifesta un orgoglio profondo nel suo inganno attraverso un sorriso smagliante. Quando diventa evidente che non riuscirà a sfuggire, il sorriso cede il passo a un'espressione diversa: la testa ciondolante, gli occhi rivolti al pavimento, segno di imbarazzo per essere stata scoperta.

Ognuno ha il proprio atteggiamento fisico che lo tradisce quando mente, e fortunatamente per genitori, tutori ed insegnanti, i bambini non sono in grado di celarlo fino a quando non crescono e acquisiscono maggior esperienza sia nel mentire che nel comprendere il proprio linguaggio del corpo.

Ora che abbiamo compreso quanto sia agevole interpretare il linguaggio del corpo di un bambino, focalizziamoci sull'importanza di prestare attenzione ai segnali che questi trasmettono. Che tu sia frequentemente in contatto con bambini o meno, è cruciale saper decifrare il loro linguaggio corporeo per contribuire a garantire la sicurezza e la protezione dei nostri figli. Proprio come la lettura del linguaggio del corpo di un adulto può aiutare a identificare situazioni pericolose, possiamo impiegare lo stesso approccio per capire se un bambino si trova in pericolo. La dura verità è che viviamo in un mondo in cui i bambini sono vittime di abusi, rapimenti e violenze. Dobbiamo essere in grado di aiutarli a sfuggire a tali situazioni, anche se individuare qualcosa di sospetto intorno a loro potrebbe risultare difficile.

La capacità di interpretare il linguaggio del corpo di un bambino può aiutarci a individuare segnali che vanno al di là della normale dinamica. Proprio perché i bambini piccoli non hanno ancora imparato a controllare il proprio linguaggio del corpo, le emozioni di disagio in presenza di un determinato adulto si manifestano chiaramente attraverso il modo in cui si relazionano con quella persona. Ad esempio, se il linguaggio del corpo di un bambino denota rigidità, spalle curve in avanti per cercare di sembrare più piccolo o evitamento del contatto visivo con tutti, inclusa l'adulto presente, tali segnali potrebbero indicare una paura verso qualcosa o qualcuno. Un sussulto ogni volta che l'adulto si avvicina per toccarlo potrebbe suggerire una paura derivante da un abuso sistematico, molto probabilmente proprio da parte di quell'adulto. Inoltre, se il bambino rifiuta il contatto con l'adulto, pur senza allontanarsi troppo, potrebbe indicare una ritrosia all'intimità con quella persona, unita a una paura di scatenarne la rabbia.

Tuttavia, è fondamentale ricordare che nessuna di queste ragioni è sufficiente per denunciare qualcuno alla polizia o ai Servizi per la Protezione dei Bambini. Ogni linguaggio del corpo può essere interpretato in molteplici modi, e segnali come rigidità, spalle curve o evitamento del contatto visivo potrebbero indicare semplicemente che il bambino si sente a disagio in un ambiente particolare o con persone sconosciute. Il sussulto e l'evitamento del contatto fisico iniziale con un adulto potrebbero denotare, piuttosto che paura, difficoltà con il contatto in generale o un malumore nei confronti dell'adulto per qualche motivo. La scelta di non allontanarsi, sebbene sembri normale per un bambino desideroso di esplorare, potrebbe rispecchiare una buona educazione o semplicemente il fatto che il bambino non si sente particolarmente a suo agio ad avventurarsi da solo.

Come in tutte le interpretazioni, la comprensione del linguaggio del corpo di un bambino dipende dal contesto. Se conosci personalmente il bambino o l'adulto, sarà più agevole determinare il significato. Tuttavia, se si tratta di sconosciuti, la tua sfida si complica. Nonostante ciò, il riconoscimento di certi segnali nel linguaggio del corpo di un bambino ti metterà in guardia, permettendoti di intervenire prontamente nel caso sorgesse il sospetto che il bambino sia vittima di abusi o rapimenti.

La capacità di decifrare il linguaggio del corpo di un bambino non solo ti consente di essere un supporto emotivo essenziale per lui, ma anche di svolgere un ruolo fondamentale nella sua crescita e comprensione del mondo circostante. Se sei genitore o responsabile di un bambino per periodi prolungati, devi comprendere il tuo ruolo come figura di supporto, incaricata di insegnargli le sfumature della vita e del contesto che lo circonda.

I bambini, spesso, possono sperimentare emozioni che non sanno ancora esprimere verbalmente. Anche se cercano di comunicare attraverso il linguaggio del corpo, potrebbero sentirsi frustrati nel momento in cui non riescono a tradurre appieno quell'esperienza in parole. Come adulto competente nella lettura del linguaggio del corpo, hai la capacità di interpretare i segnali non verbali del bambino e di aiutarlo a esprimere le proprie sensazioni verbalmente. Questo processo lo aiuterà non solo a comprendere meglio le sue emozioni, ma anche a sviluppare una consapevolezza di sé più profonda. In tal modo, contribuirai alla sua crescita, insegnandogli che i sentimenti sono parte integrante della sua salute emotiva e che condividere le difficoltà con le persone vicine è del tutto accettabile. Un bambino guidato in questo modo sarà più preparato ad affrontare le sfide emotive nella sua vita futura. Questa consapevolezza è di vitale importanza per tutti gli adulti che interagiscono con i bambini, inclusi medici, insegnanti e genitori che coinvolgono gli amici dei loro figli.

Insegnare ai bambini non solo come esprimere il linguaggio del corpo ma anche come leggerlo è un compito di fondamentale importanza. Pur evitando di etichettarlo come "lettura del linguaggio del corpo", terminologia che potrebbe risultare noiosa o incomprensibile per i bambini, è cruciale trasmettere loro queste competenze.

Potresti chiederti perché sia così rilevante per un bambino apprendere la lettura del linguaggio del corpo, un argomento con radici scientifiche che potrebbero sembrare complesse. Ora esploreremo il motivo di questa importanza.

Innanzitutto, se un bambino comprende che la comunicazione non verbale ha tanto valore quanto le parole, acquisirà una comprensione più approfondita delle persone che lo circondano. Ad esempio, durante il gioco, se chiede a un amico di unirsi e quest'ultimo risponde negativamente, ma con uno sguardo rivolto a terra e un altro bambino che li osserva con un'aria minacciosa, tuo figlio comprenderà che dietro al rifiuto dell'amico si nasconde un significato più profondo. Questa consapevolezza gli permetterà di sostenere il suo amico o di incoraggiarlo a perseguire i propri desideri, senza preoccuparsi eccessivamente delle opinioni altrui, o di allontanarsi senza sentirsi offeso. Tale situazione potrebbe rappresentare un segnale di bullismo nei confronti del suo amico, e tuo figlio, grazie alla sua comprensione del linguaggio del corpo, potrebbe riferire quanto ha osservato a un adulto di fiducia.

Inoltre, immagina se tuo figlio notasse un bambino, di solito molto estroverso, rimanere in silenzio per l'intera giornata. La consapevolezza del linguaggio del corpo potrebbe consentire a tuo figlio di cogliere la differenza nel comportamento del compagno e di avvicinarsi per chiedergli se qualcosa non va. Questo gesto può fare una notevole differenza nella giornata di un bambino triste.

Considera anche l'impatto del linguaggio del corpo sul modo in cui i bambini fanno amicizia. Come adulto, comprendere i semplici segnali del linguaggio del corpo ti permette di stabilire legami più profondi con gli altri. Ha senso che lo stesso valga per i bambini nel contesto delle loro amicizie.

Tuo figlio potrebbe anche essere in grado di evitare situazioni di bullismo se possiede una consapevolezza del linguaggio del corpo. Questa conoscenza gli consentirebbe di comprendere che gesti come roteare gli occhi o allontanarsi mentre qualcuno parla possono ferire tanto quanto le parole. Sarebbe in grado di identificare tali comportamenti e di evitarli, contribuendo a mantenere un ambiente amichevole in cui i bambini evitano di ferirsi reciprocamente involontariamente.

Quando un bambino conosce il linguaggio del corpo, può assicurarsi che i suoi amici si sentano a loro agio in sua presenza. Ad esempio, se si siede accanto a un amico, sarà in grado di percepire se quest'ultimo sta bene attraverso il contatto ravvicinato. Nel caso in cui l'amico mostri segni di disagio, il bambino saprà che la cosa giusta da fare è dare spazio.

Molte di queste abilità nel leggere il linguaggio del corpo si acquisiscono attraverso esperienze di vita autentiche. Tuttavia, il problema è che i bambini devono confrontarsi con veri sentimenti che, nella maggior parte dei casi, possono provocare sofferenza, così come i veri amici possono farli sentire a disagio.

Insegnare ai bambini queste abilità fin dalla giovane età può essere di grande aiuto.

Un modo efficace per insegnare il linguaggio del corpo ai bambini è esprimere direttamente e ad alta voce i propri sentimenti quando ci si rende conto di esprimere emozioni attraverso il linguaggio del corpo. Ad esempio, potresti dire: "Sto scuotendo la testa da una parte all'altra perché non mi piace quello che stai facendo" oppure "Sto sorridendo perché sono felice di vederti stamattina".

Lo stesso approccio può essere utilizzato per insegnare loro come il proprio linguaggio del corpo influenzi le persone intorno a loro. Ad esempio, potresti affermare: "Mi sento amato quando mi guardi negli occhi mentre parlo" oppure "Quando ti allontani mentre sto parlando con te, mi fai sentire triste". Dotati di questi strumenti, i bambini saranno in grado di comprendere e comunicare efficacemente attraverso il linguaggio del corpo.

CAPITOLO 23: IL LINGUAGGIO DEL CORPO E LE PERSONE CON BISOGNI SPECIALI

Non tutti possono comunicare o interpretare il linguaggio del corpo allo stesso modo di una persona media. Ad esempio, un veterano di guerra che ha perso un braccio non potrà esprimersi con gesti manuali, anche se questa poteva essere una sua abitudine prima dell'incidente. Le persone non vedenti non saranno in grado di interpretare i segnali facciali, mentre un bambino nello Spettro Autistico potrebbe non mantenere lo sguardo su di te durante una conversazione. Poiché il linguaggio del corpo dipende da comportamenti genetici e appresi, può risultare problematico in presenza di queste disabilità. Pertanto, è essenziale essere pronti a interpretare il linguaggio del corpo, sia nci confronti che nell'essere interpretati, anche nelle situazioni che non sono considerate "normali". In questo capitolo, fornirò consigli sul linguaggio del corpo quando sono coinvolte persone con bisogni speciali, sia nella lettura che nell'essere letti.

Fai Attenzione Quando Fai Congetture

Le congetture, come si suol dire, rendono un asino di me e te. Tuttavia, quando si tratta di formulare giudizi in una frazione di secondo, è inevitabile fare alcune congetture. Non è sempre possibile contestualizzare completamente ogni segnale del linguaggio del corpo, né passare al setaccio ogni dettaglio casualmente. La chiave, piuttosto, è comprendere su cosa basare queste congetture.

Prendiamo ad esempio il caso di Elena, una paziente che mi ha consultato per ansia e che è affetta dalla sindrome di Asperger. Elena ha sempre ricevuto pressioni da parte di parenti, insegnanti e figure autoritarie affinché mantenesse il contatto visivo mentre parlava con gli altri, nonostante ciò la rendesse molto a disagio. Durante una sessione, Elena mi confidò che trovava ancor più spaventoso e frustrante il fatto che le persone si aspettassero che cogliesse tutti quei sottili segnali socio-emotivi dagli occhi durante quel contatto forzato. Quando cercava il contatto visivo, il suo sguardo risultava sempre o troppo vuoto o troppo intenso. Spesso, non riusciva nemmeno a mantenerlo, distratta dal crescente disagio.

Tuttavia, molte persone interpretano un tipo di contatto visivo come quello di Elena come segnale di mancanza di attenzione, maleducazione o disinteresse, persino di menzogna. Queste persone trascurano il fatto che Elena sia affetta da Asperger, ignorando o ipotizzando che tutte le regole del linguaggio del corpo si applichino uniformemente a persone neuro-atipiche e neuro-tipiche. Queste congetture possono portare a una comprensione distorta dell'interazione e generare problemi che avrebbero potuto essere prevenuti.

Le congetture possono facilmente portare a valutazioni errate delle abilità di un'altra persona nel leggere il tuo linguaggio del corpo. Ad esempio, si sono diffuse congetture sull'autismo e sulle capacità sociali, alcune delle quali sono state poi smentite o confermate nel corso del tempo. Per lungo tempo, si è erroneamente creduto che le persone nello Spettro Autistico fossero incapaci di interpretare il linguaggio del corpo o che avessero notevoli difficoltà in tal senso. Tuttavia, uno studio condotto nel 2015 dalle Università del Queensland e di Pittsburgh ha indicato che i bambini affetti dal Disturbo dello Spettro Autistico (DSA) sono in grado di leggere il linguaggio del corpo a un livello paragonabile a quello dei loro coetanei "tipicamente sviluppati". Pertanto, la congettura che un individuo autistico non possa interpretare il linguaggio del corpo è il risultato sia di informazioni errate che di pregiudizi.

Ricorda che, sebbene alcune congetture siano necessarie per accelerare l'analisi del linguaggio del corpo di una persona, è fondamentale utilizzarle considerando tutti i fattori, evitando di basarsi su stereotipi o fonti non affidabili, per giungere a un giudizio finale accurato.

Informati Sulle Differenti Disabilità

Per evitare di trarre conclusioni errate e compiere errori nelle letture del linguaggio del corpo, è essenziale informarsi sulle diverse tipologie di disabilità. Le sfide incontrate nel leggere il linguaggio del corpo di qualcuno con un DSA saranno diverse da quelle di chi ha subito un infarto. Alcune disabilità influenzeranno la capacità di interpretare il linguaggio del corpo, mentre altre renderanno difficile per la persona esprimersi fisicamente attraverso di esso.

Ecco alcuni esempi di come diverse disabilità possono influenzare la lettura del linguaggio del corpo:

- **Cecità:** Le persone non vedenti conoscono alcuni segnali del corpo per natura, ma potrebbero non essere consapevoli di gesti evoluti nel tempo, come il "rocking", dal momento che non possono vederli.
- **Infarto:** Una paralisi derivante da un infarto può causare problemi fisici e influenzare negativamente la percezione, la memoria e la concentrazione, rendendo difficile l'espressione e la lettura del linguaggio del corpo.
- **DSA:** Le persone con Disturbo dello Spettro Autistico (DSA) possono avere difficoltà a leggere e a condividere segnali che appaiono naturali per gli altri, come mantenere il contatto visivo.
- **Sordità:** Le persone sorde che utilizzano la lingua dei segni possono concentrarsi più rapidamente sul linguaggio del corpo rispetto ad altre persone.

Non tutte le disabilità influenzano la lettura del linguaggio del corpo allo stesso modo, ma è cruciale essere consapevoli degli effetti positivi, evitando pregiudizi basati su informazioni errate sulla disabilità che potrebbero influenzare le tue interpretazioni.

Se le tue letture del linguaggio del corpo non si allineano con quanto appreso finora, cerca di capire il contesto. Ad esempio, una persona potrebbe essere gentile e sincera, ma incapace di mantenere il contatto visivo a causa dell'autismo. O potrebbe sembrare eccitata senza sorridere a causa di un'infarto che ha influenzato le espressioni facciali. Il contesto è fondamentale, e la consapevolezza delle diverse disabilità contribuirà a una comprensione più accurata del linguaggio del corpo.

Pratica. Pratica. Pratica.

Come in ogni ambito, la miglior preparazione per affrontare situazioni in cui devi interpretare il linguaggio del corpo di persone con disabilità è la pratica. Tuttavia, ciò non implica cercare persone con disabilità con l'unico scopo di esercitarsi nella lettura del loro linguaggio del corpo, comportamento che sarebbe francamente maleducato. Al contrario, quando inizi una conversazione con qualcuno che potrebbe avere un DSA, essere sordo, cieco, o altro, presta molta attenzione al suo linguaggio del corpo, sforzandoti consapevolmente di comprenderlo. Evita di fissare la persona o di trattarla in modo apparentemente diverso dagli altri, ma annota mentalmente le tue interazioni per analizzare l'accuratezza delle tue interpretazioni.

Ad esempio, tra i pazienti con disabilità, oltre a Elena, ci sono coloro con Disturbi da Stress Post Traumatico (DSPT) sviluppati dopo aver vissuto eventi traumatici come esplosioni di bombe, o vittime di infarto che necessitano di gestione della rabbia. Ogni volta che incontro queste persone, osservo attivamente il loro linguaggio del corpo mentre discutono dei loro problemi e lo utilizzo per decifrare le emozioni al di là delle parole. Tengo a mente la possibilità che la mia interpretazione possa essere corretta o errata, al fine di migliorare le future interazioni.

Sii Paziente

La pazienza è fondamentale, sia nei confronti di te stesso che della persona disabile con cui stai comunicando. Potrebbe richiedere del tempo per abituarti a passare dalla lettura del linguaggio del corpo nelle conversazioni quotidiane a una consapevole attenzione alle possibili sfumature nelle persone con disabilità. Soprattutto, sii paziente con chi fatica a interpretare il tuo linguaggio del corpo. Tieni presente che queste condizioni possono spesso compromettere la capacità di una persona di cogliere segnali sottili e di elaborarli prontamente.

In definitiva, la lettura del linguaggio del corpo delle persone disabili non differisce significativamente da qualsiasi altro scenario, ma richiede piccoli aggiustamenti per evitare interpretazioni errate, argomento che esploreremo nel prossimo capitolo.

CAPITOLO 24: LETTURE CONTRADDITTORIE DEL LINGUAGGIO DEL CORPO E COSA FARE IN MERITO

Quando ti immergerai nella lettura del linguaggio del corpo, sarai in grado di farlo applicando i consigli e le informazioni presenti in questo libro. Tuttavia, è comune incontrare situazioni in cui le letture sembrano contraddittorie, generando confusione. In questo capitolo, fornirò le informazioni necessarie per affrontare questa sfida.

La prima mossa, se ti trovi di fronte a segnali contraddittori, è considerare il contesto. Ad esempio, se la persona di fronte a te mostra segni di successo ma contemporaneamente manifesta nervosismo evidente, potrebbe indicare che, nonostante sia valida nel suo campo, la situazione attuale la rende agitata. Se questa persona è abile nei discorsi pubblici e sta per parlare davanti a una grande folla, potrebbe essere nervosa nonostante preveda un grande successo. In questo caso, è essenziale prestare attenzione ai segnali del linguaggio del corpo che dimostrano sicurezza e competenza nel suo settore, mentre gli indicatori di nervosismo possono essere trascurati, poiché non sono visibili quando è sul palco.

La successiva strategia, se ti trovi di fronte a letture apparentemente scollegate, è considerare quali parti del linguaggio del corpo rimangono coerenti e quali emergono in modo più evidente. Ad esempio, se una persona manifesta tre segnali di felicità e solo uno di tristezza, è probabile che sia felice.

Altrettanto importante è considerare la condizione di base o la "linea base" della persona. Se il comportamento attuale è inusuale per lei, potrebbe indicare che sta sperimentando emozioni fuori dalla norma. Pertanto, è fondamentale distinguere tra le emozioni abituali e quelle che potrebbero indicare qualcos'altro.

Mi viene in mente un episodio in cui trascorrevo un fine settimana con un amico universitario in una capanna per pescare, un'attività che lui amava sin da bambino. Mentre ridevamo e parlavamo, il mio amico sembrava felice, ma contemporaneamente agitava costantemente la canna da pesca e evitava il contatto visivo. Solitamente rilassato e abituato al contatto oculare, questa lettura contrastante sollevò il mio sospetto. Grazie alla mia conoscenza della sua "linea base" comportamentale, compresi che qualcosa lo disturbava. Approfondendo la conversazione, confessò di avere difficoltà con alcuni esami e la paura di non superare il corso. Non volendo rovinare il fine settimana, aveva deciso di mantenere un'apparenza allegra per il mio bene. Utilizzando la sua linea base, potei confermare l'accuratezza delle mie letture e affrontare apertamente le sue preoccupazioni, permettendoci di godere sinceramente del tempo trascorso insieme.

In situazioni come questa, è cruciale essere consapevoli dei propri preconcetti. Giudicare una persona prima ancora che pronunci una parola può distorto il modo in cui interpreti il suo linguaggio del corpo. Ad esempio, se basi il tuo giudizio sull'aspetto di una persona e pensi che non possa avere successo a causa dell'abbigliamento, nonostante il suo linguaggio del corpo riveli la sua competenza, è probabile che interpreterai erroneamente i segnali corporei. Nella lettura del linguaggio del corpo, è essenziale focalizzarsi su ciò che si osserva realmente, evitando di farsi influenzare da preconcetti.

Questi elementi assumono un'importanza cruciale se si desidera diventare competenti nella lettura del linguaggio del corpo. Mentre chiunque può apprendere le tecniche da un libro e applicarle alla propria vita, è fondamentale utilizzarle con intelligenza per avere successo in questo campo. Con l'impiego di tali consigli, sarai in grado di farlo con saggezza.

CAPITOLO 25: UTILIZZARE IL LINGUAGGIO DEL CORPO NELLA TUA VITA DI TUTTI I GIORNI

Ora esaminiamo più da vicino qualcosa che puoi applicare quotidianamente nella tua vita di tutti i giorni. In questo capitolo, approfondiremo una tipica giornata nella vita di un adulto, dall'alba al tramonto, evidenziando come la lettura del linguaggio del corpo possa essere utilizzata in ogni aspetto della routine quotidiana.

Iniziamo dalla tua sveglia. Di solito, mentre ti prepari per la giornata e fai colazione, sei circondato dalla tua famiglia o dai tuoi compagni di stanza. Le mattine possono essere un momento difficile per molte persone, pertanto è cruciale essere in grado di interpretare il linguaggio del corpo di chi ti circonda.

Durante la mattina, uno sbadiglio evidenzia chiaramente la stanchezza di una persona. Se evita il contatto visivo o cammina con le spalle curve, potrebbe indicare che non è propenso a conversare con te o con gli altri presenti in casa.

Se invece mantengono il contatto visivo e sorridono, potrebbero desiderare una conversazione prima di affrontare la giornata, forse vogliono fare due chiacchiere prima di colazione o semplicemente darti il "buongiorno".

Se un membro della famiglia sembra irrequieto o infelice al mattino, potrebbe essere nervoso riguardo a qualcosa che deve affrontare durante la giornata. Se sai che sta per sostenere un esame o ha una presentazione importante, auguragli buona fortuna e fagli sapere che hai fiducia nelle sue capacità. Se non conosci la causa della sua preoccupazione, considera la possibilità di chiederglielo direttamente. Potrebbe aver bisogno del tuo sostegno prima di affrontare una giornata impegnativa.

Successivamente, consideriamo il tuo tragitto pendolare per andare al lavoro. Potresti occasionalmente leggere le persone che guidano accanto a te. Ad esempio, un amico mi raccontò di aver tagliato la strada a un'altra macchina senza accorgersene. Nel rendersi conto dell'errore, abbassò il finestrino e, in segno di scuse, fece un gesto verso l'altra vettura. Nonostante l'altro guidatore sembrasse infastidito, accettò le scuse con un gesto della mano. Questo esempio illustra come un'azione positiva possa trasformare una situazione negativa, anche quando le espressioni facciali indicano disagio.

Proseguiamo nell'analisi della tua giornata lavorativa. È fondamentale utilizzare le abilità del linguaggio del corpo in modo intelligente sul posto di lavoro, dove trascorri gran parte del tuo tempo. Vorrai che il tuo linguaggio del corpo trasmetta un'immagine di successo e fiducia in te stesso. Assicurati di bere il caffè prima di entrare in ufficio, in modo da non apparire ancora assonnato. Arrivare al lavoro concentrato ed energico ti farà sembrare appassionato agli occhi dei tuoi colleghi.

Desideri che i tuoi collaboratori percepiscano la tua sicurezza, in modo che riconoscano la tua capacità di conquistare il successo. Questo contribuirà a instillare fiducia in te e a farti apparire come un modello da seguire. Per raggiungere questo obiettivo, valuta l'opzione di adottare posture e linguaggio del corpo che trasmettano potere.

Personalmente, preferisco sorridere e presentarmi alle persone con una stretta di mano decisa. Niente batte una stretta di mano robusta per lasciare un'impressione positiva, persino su chi potrebbe non trovarsi al meglio. Questo approccio è particolarmente efficace durante gli incontri del mattino, quando non tutti sono predisposti a essere mattinieri. L'energia positiva può veramente essere contagiosa.

Tuttavia, è fondamentale mantenere un'autostima sincera, evitando di dover mostrare una fiducia in se stessi "finta". Ecco perché dedico del tempo per interagire con colleghi e clienti. Un esercizio che trovo utile è sfruttare le videochiamate. Durante queste chiamate, posso osservare il mio volto mentre dialogo con l'interlocutore, consentendomi di valutare le espressioni facciali e analizzare le mie reazioni. È un'occasione rara per ottenere un terzo punto di vista sulla mia vita durante la comunicazione con gli altri.

Altrettanto importante è la capacità di leggere il linguaggio del corpo dei tuoi collaboratori. Se un collega è arrabbiato con te, potrebbe evitare di verbalizzare la sua frustrazione per timore di compromettere l'ambiente lavorativo. Tuttavia, attraverso la lettura del linguaggio del corpo, potresti comprendere i suoi sentimenti negativi e cercare di cambiarli.

Se una persona è stressata al lavoro, potrebbe aver bisogno di supporto con i compiti assegnati. Leggendo il suo linguaggio del corpo in queste situazioni, potresti offrire assistenza e prevenire problemi per l'azienda.

Mi viene in mente un episodio significativo, avvenuto alcuni anni fa, durante uno dei miei primi lavori. C'era un nuovo collega molto timido che sembrava a disagio durante la prima settimana. Ho intuito che stesse incontrando difficoltà, ma non avevo avuto il coraggio di offrire il mio aiuto. Tuttavia, dalla sua postura dimessa e dalla testa bassa, era evidente che aveva bisogno di sostegno. Alla fine, mi sono avvicinato e ho offerto il mio aiuto, che ha accettato prontamente. Ho scoperto che non c'era nulla di grave; il collega aveva semplicemente bisogno di qualche indicazione iniziale nella giusta direzione. È stata una delle prime occasioni in cui ho provato soddisfazione per una lettura accurata della persona.

Una parte significativa della giornata è il ritorno a casa dopo il pendolarismo. Durante questo periodo, puoi utilizzare il linguaggio del corpo nello stesso modo in cui lo hai fatto al lavoro. Questo è cruciale, soprattutto se incontri le stesse persone prima e dopo il lavoro, contribuendo così a rendere la vita più piacevole per gli altri.

Una volta tornato a casa, la capacità di individuare i segnali del linguaggio del corpo ritorna ad essere una competenza importante, specialmente nei confronti della tua famiglia. Anche se ti senti stanco dopo una giornata lavorativa, è essenziale assicurarti che il tuo linguaggio rimanga positivo, dimostrando così ai tuoi familiari il tuo amore e la tua felicità nel tornare a casa.

In questo lasso di tempo, è altrettanto importante leggere il linguaggio del corpo dei tuoi familiari. Ad esempio, potresti intuire dai movimenti del corpo se uno dei membri della tua famiglia ha avuto una giornata difficile. Se noti spalle curve, sguardi rivolti a terra e mancanza di sorriso, è consigliabile chiedere cosa non va. Potrebbe aver bisogno di parlare o di una mano a causa di situazioni difficili avvenute durante la giornata lavorativa o a scuola.

Puoi anche applicare le tue abilità di lettura del linguaggio del corpo per prenderti cura dei tuoi bambini, se ne hai. Ad esempio, se il tuo figlio sembra stanco anche se non è ancora l'ora di andare a letto, potresti considerare l'opzione di farlo riposare prima del solito, garantendo così che ottenga il necessario riposo.

Quando si tratta di relazioni tra marito e moglie, è fondamentale assicurarsi che il linguaggio del corpo sia positivo. Dedica del tempo a lavorare sulla tua relazione, parlando o scambiando affetto con il tuo partner, per dimostrare reciprocamente amore. Questo linguaggio del corpo e questo tipo di contatto possono avere benefici sia sulla tua relazione che sulla tua vita quotidiana, se ti abitui ad applicarli ogni giorno.

Questi sono solo alcuni dei modi in cui puoi utilizzare il linguaggio del corpo in una giornata tipica, anche se sappiamo che molti giorni sono tutt'altro che ordinari. Potrebbero presentarsi eventi extra a cui non puoi mancare per dedizione personale. Pertanto, esaminiamo come potresti impiegare la tua abilità di leggere il linguaggio del corpo in un paio di situazioni extra. Ad esempio, potresti trascorrere un paio di serate fuori a cena con amici invece che a casa. In queste occasioni divertenti, è essenziale essere consapevoli del proprio linguaggio corporeo, così come di quello degli altri. Assicurati di sorridere e mantenere il contatto visivo per mostrare interesse nell'argomento di discussione, dimostrando gioia nel passare del tempo con gli amici. Evita segnali di stanchezza, poiché ciò potrebbe far pensare agli amici che preferiresti stare a casa a riposare invece che trascorrere del tempo con loro. Anche se fosse vero, non vorrai che gli amici lo percepiscano in questo modo!

Desidererai anche interpretare il linguaggio del corpo degli amici con cui stai cenando. Mentre conversi con loro, assicurati che mantengano uno stato d'animo positivo e che non si reprimano a causa di qualcosa che hai detto. Verifica che mantengano il contatto visivo e sorridano, così avrai la certezza che stiano trascorrendo una piacevole serata.

Un esempio classico in questi contesti sono i venditori. I venditori professionisti più efficaci sono in grado di stabilire un contatto visivo amichevole, non minaccioso, con i potenziali acquirenti. Utilizzano le mani e le espressioni facciali per creare un'atmosfera accogliente e modulano il tono di voce in modo che i clienti si sentano a loro agio, evitando di trasmettere sensazioni di respingimento. Senza dubbio, i venditori più efficaci si distinguono per le loro eccellenti capacità comunicative a ogni livello.

Un'altra situazione fuori dall'ordinario potrebbe essere un appuntamento dal dottore. Durante questo appuntamento, è essenziale assicurarti che il tuo linguaggio del corpo non tradisca uno stato d'animo nervoso. Pur potendo sentirsi agitati, è importante evitare che le persone circostanti se ne accorgano. Puoi concentrarti sul mantenere il contatto visivo e cercare di evitare movimenti nervosi delle mani.

Infine, vale la pena sottolineare che la tua abilità di sfruttare la buona comunicazione ti garantirà un approccio più profondo con le persone che ti circondano. Ciò comporta la capacità di instaurare relazioni più significative, in cui puoi connetterti con gli altri a un livello personale e riconoscibile. Questo è ciò che distingue le persone degne di nota. Quando riesci a stabilire connessioni profonde con gli altri, diventi il tipo di persona che tutti desiderano avere accanto. Questo non farà altro che aumentare le tue possibilità di costruire una profonda autostima, rendendoti fiero di te stesso. Solo per questo motivo, padroneggiare questo metodo vale più di qualsiasi altra conoscenza che si possa acquisire.

CAPITOLO 26: METTIAMO IN PRATICA IL LINGUAGGIO DEL CORPO

Ora che hai acquisito una solida comprensione delle sfumature del linguaggio del corpo e della comunicazione non verbale, ti invito con calore a mettere in pratica queste preziose conoscenze attraverso esercizi che non solo affineranno le tue abilità, ma che avranno anche un impatto positivo sulla tua consapevolezza.

Gli esercizi pratici che seguiranno rappresentano un'opportunità unica per integrare le tue competenze nel linguaggio del corpo nella vita quotidiana. La pratica costante, come ben sai, è fondamentale per perfezionare le tue abilità e per trasformarti in un vero maestro della comunicazione non verbale.

Ti invito a considerare questi esercizi come un prezioso punto di partenza, flessibile e adattabile alle tue esigenze personali. Il nostro obiettivo condiviso è quello di aumentare la consapevolezza dei segnali che trasmettiamo attraverso il linguaggio del corpo e imparare a gestirli in modo efficace per comunicare in modo chiaro e positivo.

L'ARTE DELLA POSTURA

Il Saluto Sicuro

La postura è uno degli elementi chiave nel linguaggio del corpo, poiché può trasmettere fiducia, apertura e sicurezza. In questo esercizio, ci concentreremo su come utilizzare la postura in situazioni sociali, in particolare durante i saluti.

Istruzioni:

- Quando ti avvicini a qualcuno, concediti il lusso di adottare una postura aperta, assicurandoti che le spalle siano rilassate, la testa eretta e i piedi saldamente piantati a terra.
- Durante il saluto, imposta uno sguardo diretto, uno che rifletta calore e un sorriso sincero. Gli occhi, come ben sai, sono il riflesso dell'anima, e un

contatto visivo aperto può trasmettere fiducia e autenticità.

- Osserva attentamente le reazioni delle persone di fronte a te. La tua postura aperta può spesso generare risposte positive, favorevoli e calorose. Non trascurare le tue sensazioni interne: come reagisci quando adotti questa postura?
- Adatta lievemente l'intensità della tua postura al contesto. Per esempio, in situazioni più formali, potresti optare per una postura più eretta e professionale.

Riflessioni:

- Fai un'annotazione mentale delle reazioni al tuo saluto. Hai notato un cambiamento nella percezione che gli altri hanno di te?
- Rifletti sulle tue sensazioni personali durante questo esercizio. La postura aperta ha influito sulla tua autostima o sulla percezione di te stesso?
- Porta consapevolmente questa consapevolezza nella tua vita quotidiana, cercando di mantenere una postura aperta e fiduciosa durante gli incontri sociali. Nota qualsiasi cambiamento nelle dinamiche interpersonali e permettiti di apprezzare il potere che una comunicazione non verbale positiva può avere sulle connessioni umane.

La Postura di Ascolto Attivo

La capacità di ascolto attivo si rivela fondamentale nel tessere connessioni significative nelle nostre interazioni quotidiane. Questo esercizio, carico di valore, ti guiderà a scoprire come la tua postura può divenire il timbro distintivo di conversazioni autentiche e profonde.

Istruzioni:

- Nel corso di una conversazione, immergiti nell'arte dell'ascolto attivo, adottando una postura gentilmente rivolta verso il tuo interlocutore. L'inclinazione leggera in avanti manifesta il tuo autentico interesse.
- Mantiene un contatto visivo regolare e concediti un annuire di tanto in tanto; gesti che parlano al cuore, sottolineando il tuo impegno nella conversazione. Questi segnali comunicano chiaramente al tuo interlocutore che stai ascoltando con attenzione e apprezzamento.
- Osserva con occhi empatici come la tua postura intreccia la qualità della conversazione. Sarai forse testimone di un aumento tangibile di fiducia e apertura nell'animo dell'altro.

Riflessioni:

- Rifletti sulla metamorfosi della conversazione quando abbracci la postura di ascolto attivo. Rispecchia sulle vibrazioni, sulla ricchezza che emerge quando ti immergi sinceramente nell'arte di ascoltare.

- Hai notato un coinvolgimento emotivo più profondo, sia da parte tua che del tuo compagno di conversazione? Questi segnali tangibili di connessione sono testimonianza del potere trasformativo dell'ascolto attivo.
- Immagina come potresti integrare questa postura empatica nella trama delle tue interazioni quotidiane per tessere legami più forti e migliorare la qualità della tua comunicazione.

GESTIRE LO SPAZIO PERSONALE

Espandi o Contrai il Tuo Spazio Personale

Intricato nell'ingranaggio del linguaggio del corpo, lo spazio personale si rivela un delicato sfumato che danza tra le note della cultura e della singolarità individuale. Questo esercizio, delicatamente progettato, si propone di farti immergere consapevolmente nella tua sfera di comfort personale, esplorando come la modulazione dello spazio intorno a te possa plasmare le complesse dinamiche interpersonali.

Istruzioni:

- In diversi contesti sociali, abbraccia l'esperienza di sperimentare la distanza fisica tra te e gli altri. In un ambiente informale, concediti di avvicinarti leggermente più del solito. Osserva con occhi empatici le reazioni dei tuoi compagni e, in silenzio, rifletti sul tuo grado di comfort.

- Nei contesti più formali, permettiti di mantenere una distanza appena più ampia rispetto alla tua consuetudine. Nota con attenzione come questa leggera variazione nello spazio influisce sulla tua percezione della situazione e, altrettanto importante, sulla reazione degli altri.

- Focalizza la tua attenzione anche sulle sfumature dei tuoi sentimenti durante questi sottili cambiamenti. La consapevolezza della tua personale "zona di comfort" è la chiave per regolarla con consapevolezza in diverse situazioni.

Riflessioni:

- Ascolta con attenzione le reazioni degli altri mentre modifichi la distanza fisica durante le tue interazioni. Questa sottile coreografia rivela preziose indicazioni sul nostro modo di connetterci con gli altri.

- Hai notato un delicato cambiamento nel tuo grado di comfort quando ti sei avvicinato di più o ti sei leggermente allontanato? Questi segnali intimi raccontano una storia unica, scritta con la penna invisibile dell'esperienza personale.

- Considera con delicatezza la tua cultura e l'ambiente sociale in cui ti trovi: esistono circostanze in cui la tua percezione dello spazio personale si configura in maniera singolare, forse discostandosi da altre prospettive culturali?

Il Potere del Tocco

Il tocco, delicato arnese di comunicazione, ha il potere di trasmettere empatia, sostegno e connessione in maniera straordinaria. Questo esercizio è un invito affettuoso a esplorare come il tocco possa essere utilizzato con efficacia nelle interazioni quotidiane, imprimendo una nota di calore umano nel tessuto delle tue connessioni.

Istruzioni:

- In situazioni opportune, fai del tocco una parte autentica dei tuoi gesti. Durante una conversazione informale, per esempio, posa lievemente una mano sulla spalla di qualcuno per sottolineare un punto o esprimere solidarietà.
- Quando stringi la mano di qualcuno, fallo con fermezza e sicurezza. Una stretta decisa può trasmettere un senso di autorevolezza e fiducia, ancorando il tuo messaggio con la forza dell'umanità.
- Con occhi attenti, rifletti sulle reazioni delle persone al tocco. Potresti cogliere un sussurro di calore emotivo e la magia di una connessione più profonda.

Riflessioni:

- Hai avvertito una metamorfosi nelle dinamiche delle tue interazioni quando hai introdotto il tocco in modo appropriato? Ogni contatto, anche il più lieve, può tessere nuovi fili nelle connessioni umane.
- Immagina il tuo sentire quando tocchi o sei toccato in modo appropriato. Riesci a percepire quel sottile incremento nella connessione emotiva, quel legame intimo che solo il tocco può generare?
- Con saggezza e delicatezza, rifletti su come potresti incorporare in modo attento il tocco nelle tue interazioni quotidiane. Ogni gesto può rappresentare un'opportunità per migliorare la qualità delle relazioni, costituendo un modo silenzioso ma eloquente di comunicare empatia e affetto.

ESPRESSIONI FACCIALI

Riconoscere ed Esprimere Emozioni

Le espressioni facciali svelano il vibrante linguaggio del corpo, veicolando emozioni con una potenza unica. Questo esercizio, delicato compagno di esplorazione, si propone di affinare la tua consapevolezza sulle espressioni del tuo volto e sulla loro influenza nei tuoi delicati intrecci sociali.

Istruzioni:

- Di fronte a uno specchio, immergiti nell'arte di praticare diverse espressioni facciali, ciascuna un riflesso di emozioni uniche come la felicità, la sorpresa, la rabbia e la tristezza.
- Osserva con occhi attenti come i tratti del tuo viso si trasformano delicatamente durante ciascuna

espressione. L'obiettivo è rendere le espressioni il più reali e autentiche possibile, creando un dialogo intimo tra il tuo volto e le tue emozioni interiori.

- Nei momenti di riflessione, sintonizzati con il tuo essere durante ogni espressione. La connessione profonda tra il linguaggio del tuo viso e le tue emozioni interne diventa una chiave preziosa per comprendere come gli altri possono percepire il tuo stato d'animo.

Riflessioni:

- Hai notato una differenza tra l'immagine che pensavi di proiettare e quella effettivamente riflessa durante le diverse espressioni facciali? Questa percezione può rivelarsi fondamentale per una comunicazione più autentica e comprensibile.
- Quali nuove rivelazioni hai fatto sulle tue emozioni e sulla loro espressione attraverso il tuo volto? Ogni linea, ogni piega racconta una storia unica, arricchendo il tuo dialogo interiore.
- Porta con leggerezza questa comprensione nel tuo quotidiano, esplorando come puoi esprimere in modo più consapevole le tue emozioni attraverso le espressioni facciali. Lascia che il tuo volto diventi un dipinto vivente, un riflesso sincero delle sfumature del tuo mondo interiore.

Il Sorriso Autentico

Il sorriso si rivela un potente strumento di comunicazione non verbale, capace di influenzare positivamente le interazioni sociali. Questo esercizio, pratico e concreto, ti guiderà nel perfezionamento del tuo sorriso, rendendolo autentico e significativo.

Istruzioni:

- Cerca un luogo tranquillo e rilassante. Mettiti di fronte a uno specchio e pratica il sorriso, prestando attenzione ai dettagli del tuo viso, compresi occhi e angoli della bocca.
- Sperimenta vari tipi di sorriso: aperto e luminoso quando la felicità è genuina, più sottile per situazioni formali, adattandolo alla circostanza.
- Osserva la reazione del tuo corpo a questo gesto. Un sorriso autentico spesso può innescare una risposta positiva nel tuo stato d'animo.

Riflessioni:

- Hai notato la differenza tra un sorriso forzato e uno genuino? Essere attenti a questa distinzione può rivelarsi estremamente prezioso.
- Osserva le reazioni degli altri di fronte al tuo sorriso sincero. Puoi percepire un aumento di positività nell'interazione?
- Cerca di incorporare il sorriso autentico nelle tue interazioni quotidiane, specialmente quando vuoi

trasmettere calore, apertura e simpatia. Non si tratta
solo di un gesto, ma di una scelta ponderata in grado
di arricchire il tuo rapporto con gli altri.

LINGUAGGIO DEL CORPO NEI CONTESTI PROFESSIONALI

La Postura del Leader

Il modo in cui ci presentiamo nei contesti professionali può influenzare notevolmente la percezione che gli altri hanno di noi. Questo esercizio si focalizza sulla postura del leader, un elemento chiave che trasmette autorità e sicurezza.

Istruzioni:

- Pratica una postura eretta e sicura. Mantieni le spalle indietro, spingi il petto in avanti e solleva la testa. Questa posizione non solo promuove una presenza fisica forte ma trasmette anche fiducia e autorevolezza.
- Sperimenta l'uso delle mani in modo deliberato. Gestisci gli spazi intorno a te con movimenti

controllati, evitando gesti nervosi o incerti che potrebbero compromettere la tua immagine di leader.

- Mantieni uno sguardo diretto e fermo durante le interazioni. Un contatto visivo sicuro comunica determinazione e presenza, elementi fondamentali per un leader.

Riflessioni:

- Hai notato un cambiamento nella percezione degli altri quando hai adottato questa postura del leader? La tua percezione di questo impatto può essere fondamentale per la tua presenza professionale.
- Come ti sei sentito mentre assumevi questa postura? Hai avvertito un aumento del senso di fiducia in te stesso? Riconoscere questi cambiamenti emotivi può essere utile per comprendere meglio l'efficacia di questa pratica.
- Cerca di mantenere questa postura durante situazioni professionali importanti. Osserva attentamente come influisce sulla tua presenza e sulla percezione degli altri nei tuoi confronti.

La Gestione dello Sguardo in Riunioni

La gestione del contatto visivo durante le riunioni rivela molto sulla tua partecipazione e interesse. Questo esercizio si propone di guidarti nell'utilizzo efficace del contatto visivo in contesti professionali.

Istruzioni:

- Mantieni uno sguardo regolare durante le riunioni, facendo contatto visivo con chi sta parlando per manifestare attenzione e interesse autentico.
- Alterna il tuo sguardo tra i vari partecipanti, evitando di concentrarti esclusivamente su una persona. Questa pratica comunica apertura e coinvolgimento con l'intero gruppo, creando un ambiente più inclusivo.
- Evita di fissare lo sguardo sulle tue note o sullo schermo del computer, poiché ciò potrebbe essere interpretato come disinteresse. Mantieni una connessione visiva per mantenere un clima di partecipazione attiva.

Riflessioni:

- Hai notato un aumento della partecipazione da parte degli altri quando hai mantenuto uno sguardo impegnato durante le riunioni? La tua comprensione di questo impatto può influenzare la tua pratica futura.
- Come hai affrontato situazioni in cui il contatto visivo poteva essere interpretato in modo diverso? Riflettere su queste esperienze può arricchire la tua

comprensione del linguaggio del corpo e delle
dinamiche comunicative.

- Porta questa consapevolezza nella tua vita
professionale quotidiana, cercando di migliorare
costantemente la gestione del tuo sguardo durante le
interazioni di lavoro.

L'incorporazione attenta di tali pratiche nel tuo linguaggio del corpo professionale avrà il potenziale di amplificare la tua presenza, accrescere la fiducia che gli altri ripongono in te e potenziare le tue dinamiche interpersonali nell'ambito lavorativo.

ADATTARE IL LINGUAGGIO DEL CORPO ALLE SITUAZIONI

Il Corpo nelle Situazioni Stressanti

La gestione del linguaggio del corpo in situazioni stressanti è un elemento chiave per preservare la propria compostezza e comunicare in modo efficace. Questo esercizio si concentra su come adattare il tuo linguaggio del corpo quando affronti situazioni di tensione.

Istruzioni:

- Immagina o ripensa a una situazione stressante, come un colloquio o una presentazione, che solitamente genera ansia.
- Pratica il mantenimento di una postura aperta nonostante lo stress. Rilassa le spalle, tiene la testa

eretta e fa respiri profondi per calmarti, creando una
base di tranquillità nel caos.

- Fai attenzione alle espressioni facciali, cercando di
evitare di trasmettere tensione attraverso muscoli
facciali contratti. Mantieni un'espressione calma,
creando un barlume di serenità anche quando le
acque sono agitate.

Riflessioni:

- Hai notato un cambiamento nella tua gestione dello
stress quando hai adottato una postura aperta?
Riconoscere questa dinamica può ampliare le tue
risorse di fronte alle sfide stressanti.

- Come hanno reagito gli altri durante la situazione
stressante? La tua gestione del linguaggio del corpo
ha influenzato la percezione degli altri? Riflettere su
queste dinamiche può essere illuminante per
comprendere il ruolo cruciale del linguaggio non
verbale nelle interazioni stressanti.

- Porta con te questa percezione nelle situazioni
stressanti future, cercando di adattare la tua postura
e le espressioni facciali per gestire meglio lo stress.
Questo approccio attento e intenzionale può
diventare un alleato prezioso nel tuo percorso di
gestione delle tensioni.

Il Linguaggio del Corpo nella Seduzione

La seduzione richiede una consapevolezza particolare del linguaggio del corpo per comunicare interesse, attrazione e disponibilità. Questo esercizio si propone di guidarti nell'adattare il tuo linguaggio del corpo in situazioni romantiche, mantenendo un tono rispettoso.

Istruzioni:

- Pratica gesti più sensuali e sguardi intensi davanti a uno specchio, esplorando espressioni facciali e movimenti del corpo che trasmettano una certa intimità.

- Osserva attentamente come il tuo corpo reagisce a questi gesti. Concentrati sulla confidenza, evitando l'imbarazzo o l'insicurezza, poiché la sicurezza è la base di una comunicazione romantica positiva.

- In situazioni romantiche reali, adatta il tuo linguaggio del corpo in base alla risposta del partner. Fai attenzione a non essere invadente, rispettando sempre i confini personali e creando uno spazio di connessione.

Riflessioni:

- Hai notato una differenza nelle reazioni delle persone quando hai adottato gesti più sensuali?

- Come hai gestito la delicatezza e la consapevolezza nella comunicazione romantica attraverso il linguaggio del corpo?

- Considera come puoi mantenere un equilibrio sano
  tra espressività sensuale e rispetto dei confini
  personali nelle tue interazioni romantiche.

Adattare il linguaggio del corpo alle situazioni è una competenza chiave per la comunicazione efficace. Praticare la consapevolezza del tuo corpo in contesti diversi ti consentirà di essere più flessibile e influente nelle tue interazioni quotidiane.

CONCLUSIONI

Siamo giunti alla conclusione di questo libro, un viaggio che ha esplorato approfonditamente la comunicazione non verbale e come questa possa rivelarsi uno strumento prezioso per la comprensione delle persone. Ora è il momento di mettere in pratica queste idee con sicurezza.

Dopo aver esaminato attentamente il vasto panorama del linguaggio del corpo, spetta a te applicare concretamente tutti questi nuovi concetti. Dopotutto, quale sarebbe l'utilità di questa conoscenza se non venisse adeguatamente sfruttata?

Diventare un comunicatore esperto è più accessibile di quanto si possa pensare, ma richiede impegno e pratica. Ti invito a prenderti il tempo necessario per rileggere ogni passo di questo libro, a ricontrollarlo e a integrare le sue lezioni nel tuo quotidiano. Noterai che quando le persone sono in grado di leggere gli altri in modo efficace, riescono a comunicare su un livello più profondo e significativo. Ciò conferirà a te il potere di guadagnarti la fiducia degli altri e, di conseguenza, di sviluppare una maggiore sicurezza individuale.

Impegnati al massimo per assimilare le tecniche e le strategie apprese in questo libro, e applicale quanto prima nella tua vita. Scoprirai che mettere in pratica in modo completo le tue abilità di comunicazione è il modo migliore per affinarle nel tempo.